JN035282

20歳のキャリア術

人生100年時代へ向けた女性のはじめの一歩

澤田 裕美
Sawada Hiromi

樹村房

まえがき

本書の対象

この本が誕生した 2020 年に，2000 年に生まれた女の子は 20 歳を迎えます。

彼女たちが生まれた 2000 年に Amazon.com（1998 年創業）の日本語向け EC（電子商取引）サイトがスタートしました。ハイハイ（四つん這い）や掴まり立ちができるようになった頃，JR 東日本（東日本旅客鉄道の略記，1987 年創業）が電子マネー向け IC カードの Suica（2001 年）を導入しました。七五三を迎えた頃に，Facebook（2004 年創業）や YouTube（2005 年創業）が誕生しました。

小学生の頃に，Twitter（2006 年創業）や，Apple Inc.（1976 年創業）の iPhone（2007 年発売）が登場しました。2011 年に IBM（1911 年創業）の Watson が，米国のクイズ王 2 人に 2 勝 0 敗 1 引分けで勝利しました。そして，Google LLC（1998 年創業）の「Google の猫」（2012 年）に象徴されるように，コンピュータ時代から AI（人工知能）時代へと移行する時に成長しました。1990 年代に始まったデジタル化が加速して，彼女たちは幼い頃からデジタル機器やデジタルサービスに囲まれて育ちました。

高校生の頃には，DeepMind（2011 年創業）の AlphaGo が，世界最強の韓国の棋士を 4 勝 1 敗で破り（2016 年），中国の棋士にも 3 勝しました（2017 年）。大学に入った頃には，経済成長著しい中国で QR コード決済が爆発的に普及したのを受けて，ソフトバンク（1981 年創業）の PayPay（2018 年創業）などが誕生し，キャッシュレス社会が身近になりました。彼女たちにとって第 4 次産業革命は必然と実感する世代といえます。

同時にこの 20 年間で，キャリア教育が教育現場に浸透してきました。彼女たちが生まれた時は，失われた 10 年（1992〜2002 年）や就職氷河期（1993〜2005 年頃）のただなかで，「ニート」という言葉（2004 年）や「おひとりさま」という言葉（2005 年）が流行っていました。小学生の頃に，「社会人基礎力育成グランプリ」（2007 年）やキャリアガイダンス（2011 年）が始まりました。中学生の頃の 2012 年末から円安が進んで，外国人観光客やインバウンド消費が増加しました。

高校生の頃には，民法改正（2018 年）で成年年齢を 2022 年 4 月から 18 歳に引き下げられることが決まり，働き方改革関連法（2018 年 7 月公布）などもできました。また，環太平洋諸国による TPP11 協定（2018 年 11 月）が米国を除いて誕生しました。大学に入った頃，外国人労働者の受け入れを緩和すべく特定技能（2019

年）や特定活動 46 号（同年）が設定されました。そして幼児教育・保育の無償化（2019 年）や高等教育の無償化（2020 年）が進みました。

　消費税はバブル経済期の 1989 年に導入され，1997 年からずっと 5 ％でしたが，2014 年に 8 ％に，2019 年に 10 ％にアップしました。また，量的・質的金融緩和（2013 年 1 月）や女性活躍推進法（2015 年公布）などのアベノミクスが，中学・高校・大学時代と長く続きました。

　日本の生産年齢人口は，彼女たちが生まれる前の 1997 年をピークに減少を続け，人口全体は 2008 年をピークに減少しています。増え続ける外国人労働者とは裏腹に，日本人が減り続けていることを実感しているかどうかはともかく，彼女たちは子供の頃から働き方や生き方を考えてきた世代ともいえます。

　この本は，そうした若い女性のために執筆したものです。

本書の視点

　人口約 77 億人の地球上には，2000 年以降に生まれた人が約 25 億人もいて，その割合は 3 人に 1 人にも達します。その半数弱の約 12 億人を女性が占めます。日本人女性は，そのうち約 1 千万人を占めます。他方，平均寿命でみると，女性は男性よりも長生きであるのがわかります。WHO（世界保健機構，1948 年設立）に加盟する 194 ヵ国・地域の平均（2016 年時点）では，男性 69.8 歳に対して女性 74.2 歳です。日本は言わずと知れた長寿国で，男性 81.1 歳（世界 2 位）に対して，女性 87.1 歳（世界 1 位）です。

　ただし，気がかりなのは健康寿命（健康上の問題で日常生活が制限されることなく生活できる期間）の長短です。厚生労働省（2001 年 1 月に厚生省と労働省が統廃合して誕生）の統計（2018 年）によれば，日本人男性の平均寿命が 80.98 歳であるのに対して健康寿命は 72.14 歳で，日本人女性の平均寿命は 87.14 歳に対して健康寿命は 74.79 歳です。

　問題は，健康寿命をいかに延ばすか，換言すればいかに GDP や個人の貯蓄を増やし，社会保障費を削減するかです。もうひとつの問題は，健康であるうちにどのようなキャリアを積み重ねるかです。本書では後者の問題を取り扱います。人生100 年時代と呼ばれる現代に，日本人女性が健康でいられる約 75 歳までの時間をいかに過ごすか，そのためにまずは 20 歳までに何を身につけるべきか，そのキャリア術について述べていきます。

　この本を手にした女性のなかには，高等学校を卒業してすぐに実社会に飛び込んだ方もいれば，四年制大学や短期大学，専門学校などに在学中の学生もいらっしゃるでしょう。あるいは，20 代の社会人の方や産前産後休業（産休）や育児休業（育

休）で一時仕事を休まれている方もいるかと思います。本書では，そうした女性を主なターゲットとしています。

　そんな読者の皆さんが，まずは20歳までに，健康な約75年間の長い人生のスタート段階で，どう心がけるべきか，その点を詳述することが，本書の視点となります。

本書の構成

　この本の内容に関わる解題としては，下の図のとおり3部構成で計8章から成ります。

　第1部は応用編です。第1章では，日本人女性がキャリアを思い描くために，まずは周囲の環境を理解する必要があります。ここでは，第4次産業革命や外国人労働者問題など，産業構造・教育構造・人口構造・就労構造などの変化を概観します。第2章では経済産業省が2006年に提唱した社会人基礎力（3つの能力と12の能力要素）をめぐり，自己評価をする際のポイント，育成コンテスト出場のねらい，プレゼンテーションの心構えなどを説明します。第3章では産学連携のPBL（課題解決型学習）の実例として3通りのケースを紹介します。

　続く第2部は基礎編です。第4章ではキャリアデザインを，第5章はマネジメント感覚を，そして第6章はホスピタリティ精神をいくつかの事例を交えて解説します。

そして第3部は入門編です。第7章では高等学校を卒業して，大学・短期大学へ入学したばかりの女子大生を想定して，学生としての心構えを述べます。第8章では大学・短期大学の卒業を間近にして，企業・団体への就職活動を展開するうえでの心構えを述べます。

本書の願い

　著者は2015年春以来，大妻女子大学（1908年設立）に奉職し，主に短期大学部の学生を対象にキャリア教育に取り組んでまいりました。本書は，著者自身の拙（つたな）い経験を随所に交えつつ，過去5年間の取り組みの一端を開陳するものです。5年間で計1,198人の学生に接し，彼女たち一人ひとりの名前を覚え，母親のような気持ちで指導してきました。とはいえ，寡聞少見（かぶんしょうけん）の限りで，読者諸姉，ことに女子学生の皆さんから示唆（しさ）を賜れればと願います。

　ともあれ先述のとおり，この本は女子高生や女子大生・女子短大生，そして20代の産休・育休中の女性などを読者と想定して綴（つづ）ったもので，授業の副読本として，あるいは就職活動や復職のためのガイドブックとして活用していただくとともに，巻末にまとめ用語解説は基礎教養を確認する術（すべ）として，気軽に手にしてお読みいただければ幸いです。

　なお，本文中で物故者に言及する場合は，敬称を略させていただきました。

追記　2020年2月下旬現在，新型コロナウィルスによる感染症がパンデミック（英語でPandemic，汎発流行（はんぱつりゅうこう））の状態に近づき，日本をはじめ，世界規模で経済が減速し始めています。

　そんな折，出版社から校正刷が届き，著者校正を進めました。第1章で述べたキャリア形成を取り巻く環境，および第8章の就職活動への準備などについて，加筆修正すべきか悩みましたが，ひとまず4月に入学してくる新入生の手元に届くことを優先して作業を進めることといたしました。

　後年，世界恐慌（1929年）やリーマン・ショック（2008年）などと比較して，マクロ経済にどれほど影響を及したか，特に雇用や企業経営などの停滞といかに結びついたか，さらに，社会的費用（英語でSocial cost，外部不経済）をどれほど招いたか等の検証がなされることでしょう。別の機会に是非とも，本書の記載内容を見直すとともに，働き方や就職活動に及した影響などを考察できたらと思います。

もくじ

第 **1** 部

応用編

第 1 章

あなたのキャリア形成を取り巻く環境

キーワード：第4次産業革命，ダイバーシティ，ジョブ型採用，ESG 投資，SDGs

1．産業構造・教育構造の変化

（1）胎動する第4次産業革命

　2020 年の今日，第4次産業革命が始まっています。5G をはじめ，8K や IoT によってさまざまな情報が収集され，クラウドコンピューティングやエッジコンピューティングに集積され，さらにクラウドや基地局に配置された AI（人工知能）などの情報処理エンジンや量子コンピュータによって高速に分析され，求められた最善解がまた再び IoT などを通じて私たちの手元に届く……そんな変革が，私たちの日常生活の中で本格化しつつあります。

　自宅や職場に 5G ネットワークで繋がれたいくつものモノがあり，私たちの暮らしや仕事をサポートし始めています。そして，どんな新しい付加価値を創造し，いかにビジネスモデルを構築できるか，いま産業界をはじめ，教育や医療・福祉・介護などの公共サービスの現場で模索されています。

　たとえば，職場で行われる定期健康診断の仕方も変わるかもしれません。検診前日に，あなたは DNA や腸内細菌などを解析するための糞便を病院へ送ります[1]。これは，あなたの貴重な個人情報です。検診当日，無人運転車がオンデマンド（英語で On Demand）で派遣され，自動的に病院へ連れて行かれます。病院へ着くとすぐに，医師から検診結果を聞くことができます。あなたの病気の兆候やあと何年間健康に生きることができるかを知ることができます。多忙な方はコンピュータによる説明を短時間で受けられます。診断に際しては，あなたが過去数年間にわたり利用してきたスマートフォン（スマホと略記）の情報なども活用されます。電子メールや写真，位置情報，買い物情報，給与明細なども活用されます。これらはあなたや会社・団体の同意が前提となります。

　そして最後に，現状をいかに改善したいか，あなたの意思を確認する質問がなされます。しばらくすると，必要な処方薬とともに，食事や運動などの生活習慣に関する改善メニューが手渡されます。処方薬については，あなたの家族や見ず知らずの第三者の DNA や腸内細菌などをどこまで活用するか，生命倫理の判断が待たれますが，これもあなたの同意のうえでの処方となります。また，通院が必要になるかもしれませんが，その場合は再び無人運転車が送迎すると説明されます。なお，あなたの要望に応じて，才能や能力，個性，性格などを改善するための治療も受けられます。

　SF のようですが，現在開発中の技術やサービスを想定して現実として起こりうる話です。ICT はこの四半世紀で急激に進化し，特に身近な携帯電話やスマートフォンなどの移動通信システムは，第 1 世代（1G）から第 5 世代（5G）まで約 10 年ごとに世代交代してきたのです。

① 1980 年代，第 1 世代（1G）：まだアナログ方式で，音声通話が中心。
② 1990 年代，第 2 世代（2G）：デジタル化，電子メールやネット接続が始まりました。この時期に，Microsoft Corporation（1981 年創業）の Windows 95 の発売もあって，パーソナル・コンピュータ（パソコンと略記）が普及。
③ 2000 年代，第 3 世代（3G）：1999 年に NTT ドコモ（1991 年創業）の i モードのサービスが始まり，カラー画面の PDA が普及。2007 年に Apple Inc.（1997 年創業）の iPhone が発売され，スマートフォンが爆発的に増加しました。
④ 2010 年代，第 4 世代（4G）：主に低い周波数のマイクロ波（2 ギガヘルツ以下）を使用。SNS，ソーシャルメディア，動画，買い物等の利用が広がりました。
⑤ 2020 年代，第 5 世代（5G）：データ信号は高い周波数のミリ波（28 ギガヘルツ帯など）を使用し，制御信号はマイクロ波を使用して，高速性（超高速，大容量）と接続性（高信頼低遅延，多数同時接続）を同時に実現しつつあります。

　5G の誕生は，身近な情報をデータ化して，送受信できるようになることを意味します。しかも，情報の認識，分析，判断などに関して，人間を介さなくても行われる可能性が拡大したことを意味します。利用者が気づかないうちに，近未来が予測され，特定の判断基準のもとで，良かれと思って対処されることになります。

　知識や刺激（ストレス）などの情報を，①五感（視覚・聴覚・嗅覚・味覚・触覚）などの感覚器官をとおしての感知（感じること）に始まり，②神経を伝って脳（中枢）に取り込んで認識（知ること），③分析（わかること），④判断・思考・計画（考

えること）を行い，⑤関節・腱などの運動器官を動かすなどして実行（行動すること），そして⑥好き嫌いや成功・失敗などの価値づけとともに記憶（覚えること）を私たちは日々繰り返しています。

　ところが，第4次産業革命が進むと，判断を求められた時に AI に頼りきりになり，そもそも考えることを忘れ，自分の意思が何なのか，どうしてよいかがわからなくなり，まるで心理カウンセラーに悩みを相談するかのようになる可能性があります。生身の人間の感情や精神状態さえもデータに仕立て，AI のアルゴリズムにかけられつつありますから，カウンセリングも AI に頼る場面も出てくるでしょう。

　人類はもはやホモ・サピエンス（賢い人間）とはいえない存在になるかもしれません。人知を超えた判断をどこまで機械に委ねるのか，人権保護と社会保障などの公共の福祉の追求との狭間で揺れながら，そもそも自由とは何か，個人の意思はどこまで尊重されるべきか等，さまざまな問題が派生してくるでしょう。

　ついでながら申し添えておくと，デジタル技術と AI の進化とともに，人類がホモ・サピエンスだからこそ期待される動きがあります。

　そのひとつが，認知や記憶のメカニズムの解明です。1980 年代以降，脳のさまざまな機能を測定して画像化する，いわゆる脳機能イメージング技術が発展し，医療現場で fMRI や PET などが普及してきました。

　もうひとつが，祖先から遺伝された気性や疾病などのメカニズムの解明です。人間のゲノムを構成する約30億対の塩基配列について，配列解析技術が進化して，米国主導で大規模プロジェクト「ヒトゲノム計画」（1991〜2003 年）や「ヒトゲノム計画ライト」（2016 年〜）が展開され，ゲノムの解明（読む）や合成（書く）が進み，基礎研究と医療への臨床応用が期待されています。

　さらに，人類は必ずしも合理的な判断を下して行動する生き物とは限らないことも解明されてきています。1990 年代以降に発展した実験経済学や行動経済学の研究によって，非合理的な経済行動がわかってきました。とはいえ，この方面の研究では，言動などの人間の物理的な行動や現象を捉えてデータ解析するまでにとどまっています。そのメカニズムの解析や，消費行動や株式市況などの経済活動全般との関連性の解析にまではまだ到っていません。

（2）目標は超スマート社会

　第4次産業革命によって，私たちの生活や仕事のあり方も変わり始めています。

　海外諸国の動向を俯瞰すると，まず米国（2017 年の名目 GDP は約 19 兆 3,906 億 US ドル，一人当たり約 59,531US ドル）は，2016 年に AI に関わる研究開発戦略などの報告書を発表しましたが，米国第一主義を掲げるドナルド・トランプ（Donald

John Trump, 1946 年〜）政権のもとで, 2017 年 4 月に専門技能外国人向けの査証（ビザ）・H1b（エイチ・ワン・ビー）の発給[2]を厳格化しました。

隣国のカナダ（2017 年の名目 GDP は約 1 兆 6,530 億 US ドル, 一人当たり約 42,870US ドル）は, 「汎カナダ AI 戦略」を掲げ, 2016 年 11 月に専門技能外国人向け査証（ビザ）発行制度を始めたことで, AI 関連の人材が移住し, 米国シリコンバレーを凌駕する「AI エコシステム」が形成されています。量子コンピュータの商用化に成功した D-Wave System, Inc（1999 年創業）などが立地するバンクーバー, 英国出身で AI 研究の重鎮・ジェフリー・ヒントン氏（Geoffrey Everest Hinton, 1947 年〜）が住むトロント, フランス出身でディープラーニング（深層学習）の第一人者・ヨシュア・ベンジオ氏（Yoshua Bengio, 1964 年〜）が住むモントリオールなどです。

また, ドイツ（2018 年の名目 GDP は約 4 兆 US ドル, 一人当たり約 47,803US ドル）は, 2013 年 4 月に「Industry4.0」構想を発表し全自動化無人工場などをめざすとともに, 2016 年 11 月に「労働 4.0 白書」を発表して雇用を喪失・創出するデジタル化に対応した再訓練が必要との認識が示されました。

さらに中国（2018 年の名目 GDP は約 13 兆 4,074 億 US ドル, 一人当たり約 9,608US ドル）は, 1990 年代以来続いた経済成長が鈍化し, 賃金の上昇や労働人口の減少（新・常態, ニューノーマル）が起こってきました。2015 年 5 月に「中国製造 2025」を発表し, また 2016 年 3 月に「第 13 次五カ年計画」を採択するとともに「インターネット＋ AI 3 年行動実施方針」を策定して, さらに 2017 年 7 月には「次世代 AI 発展計画（AI イノベーション発展計画）」を発表する等して, 都市・医療・警備などで重点的に AI を利活用することによる経済構造の転換が模索されています。1980 年以降, 経済特区として発展してきた深圳では, 「シリコンバレーの 1 ヵ月は深圳の 1 週間」といわれるほどに, アイデアを形にするのを得意とする企業「方案公司」が栄え, ハードウェアの聖地や世界の工場となっています。

インド（2018 年の名目 GDP は約 2 兆 7,263 億 US ドル, 一人当たり約 2,015US ドル）は, 2014 年 8 月に「デジタル・インディア」を提唱して全国民を対象に高速インターネットやスマートフォンを普及させ, デジタル化によるキャッシュレス社会や知識経済社会をめざすことを掲げて変革の途上にあります。

翻ってわが国・日本（2019 年の名目 GDP は約 4 兆 9,718 億 US ドル, 一人当たり約 39,304US ドル）は, AI 開発において出遅れたとの認識のもと, 立て続けに政策を打ち出しました。

① 2015 年 6 月, 「日本再興戦略」を閣議決定し, データ, データ処理力, AI 技

　術，および産業コア技術において課題解決を図ることにしました。

②2016 年 5 月，「平成 28 年版科学技術白書」を閣議決定し，狩猟社会，農耕社
　会，工業社会，情報社会に続く社会像として超スマート社会を提唱しました。

③2017 年 5 月，経済産業省は「新産業構造ビジョン」を発表し，「知の死蔵・起
　業小国」から「知の総力戦・革新力の再生」へ転換すべく戦略 4 分野を明示し
　ました。

④2017 年 6 月，内閣府は「科学技術イノベーション総合戦略 2017」や「未来投
　資戦略 2017〜Society5.0 の実現に向けた改革〜」をとりまとめました。

　日本においても第 4 次産業革命を推進しようと政策決定したこれら一連の動きと
ともに，個人のライフスタイル変革（働き方改革）と結びついて社会全体が変革す
ること，特に個人においては「社会が求める人材」へと変質することが期待されて
います。

　親や教師，上司などの他人に言われたとおりに遂行する。しかも正確に，速やか
に履行する。沢山の知識を詰め込み，記憶した情報に照らして課題解決に対処す
る。そういったことは，コンピュータやロボットが代替するようになり，人間が果
たすべき役割は，課題を設定して（質問力），他人の意思を尊重しつつ複数の利害
を調整して，最善解や納得解を見つけること（課題解決力）などが，世界各国で問
われるようになりつつあります。

（3）社会に出るまでに何を学ぶか

　第 4 次産業革命が胎動しつつある中，日本の若者の学力と生活態度に関する気に
なる調査結果が 2019 年末に公表されました。OECD（経済協力開発機構，1948 年
設立）が，参加 79 ヵ国・地域の 15 歳の生徒[3]，約 60 万人を対象に行った 2018 年度
の PISA（学習到達度調査）の結果です。日本は前回 2015 年に引き続き，読解力分
野でスコアと順位をともに下げました。

　ブログや書評，新聞報道などの抜粋文を読んで，真偽が不確かな情報と書き手の
意見とを，客観的な視点で読み分け，そのうえで読み手である生徒自身の意見を論
理的に組み立て，記述することが問われる問題です。文部科学省は，「情報を引き
出す力」と「評価・熟慮する力」が低下したと分析しましたが，高等学校の教科
「情報」などの目的は情報を発見する力や情報を説明する力などを身につけること
にあります。そもそも OECD の調査結果のデータ分析が適切か疑う意見もありま
すが，自国の問題点の洗い出しには参考になるでしょう。

　また，高等学校の授業でのデジタル機器の活用が際立って少ないことも判明しま

した[4]。国語・数学・理科の授業を通じて「利用しない」と答えた生徒は 7 〜 9 割もいました。逆に，「ネット上でチャットをする」や「1 人用ゲームで遊ぶ」の頻度はそれぞれ 87.4 ％と 47.7 ％で，OECD 加盟 36 ヵ国中で最高でした。さらに，数学的応用力に関しては男子の平均点が 532 点であるのに対して，女子が 10 点下回り，2012 年以降，男女差は縮小傾向にあります。

　次の時代を担う若者たちの学力の育成や教育環境の整備は，最優先されるべき課題でしょう。超スマート社会へ向けた教育面の動きが気になるところです。

① 2016 年 12 月，中央教育審議会（略称は中教審）は，学校・家庭・地域の関係者が学習指導要領などを「学びの地図」として活用し，改善・充実の好循環を生み出す「カリキュラム・マネジメント」を実現することを求めました[5]。

② 2018 年 3 月，経済産業省・中小企業庁が，「「我が国産業における人材力強化に向けた研究会」（人材力研究会）報告書」を提出し，2006 年に提起した社会人基礎力を見直し，「人生 100 年時代の社会人基礎力」として再定義しました（詳細は第 2 章参照）。

③ 2018 年 6 月，文部科学省内のタスクフォースが，「Society5.0 に向けた人材育成〜社会が変わる，学びが変わる〜」をとりまとめ，小・中学校，高等学校，大学から社会人までに「共通して求められる力」[6]や取り組むべき政策の方向性などを提起しました。

④ 2019 年 5 月，教育再生実行会議が，「技術の進展に応じた教育の革新，新時代に対応した高等学校改革について（第十一次提言）」をとりまとめ，高等教育（短期大学を含めた大学・大学院）のあり方などを提言しました[7]。

　そして，2017 年 3 月末に学校教育法施行規則が改正され，幼稚園教育要領（2018 年度から全面実施），小学校学習指導要領（2020 年度から全面実施），中学校学習指導要領（2021 年度から全面実施）および高等学校学習指導要領（2022 年 4 月 1 日から学年進行で施行）が公示されました。

　また，大学入試のあり方を変えることで高校・大学の授業を変えようとする高大接続改革が推し進められ，1990 年から 30 年間続いたセンター試験がなくなり[8]，2020 年度（2021 年 1 月）から大学入学共通テスト[9]が始まります。2 日間の日程や出題教科・科目は同じですが，思考力・判断力・表現力を重視するようになります。

　さらに，2022 年度から高等学校の教育課程の再編が行われます[10]。国語は枠組みが変わり，文学作品に偏重せず，社会生活に必要な論理的文章などが重視されるようになります（詳細は第 4 章参照）。

　そして，大学・短期大学・大学院などの高等教育の教育環境も変わり始めています。2019 年現在，大学・短期大学への進学率は 58.1 ％で，そこに占める女子の割合は 45.4 ％と，過去最高を記録しています[11]。

　全国には四年制大学が 786 校あり，大学生約 292 万人の内 44.3 ％を女子が占め，増加傾向にあります。また二・三年制の短期大学が 326 校あり，短大生約 11 万人の内 88.4 ％を女子が占めています。短大から四年制大学への編入学は 4,000 人弱です（同時に，高等専門学校，専修学校（専門課程），および高等学校（専攻科）からの編入者が同程度います）[12]。

　このように教育構造もまた，変革の過渡期を迎えています。

2．人口構造の変化

（1）急増する外国人労働者

　2013 年に約 836 万人だった外国人観光客[13] は，2018 年に約 3,119 万人，2019 年に約 3,188 万人になり，その旅行消費額は 2013 年の約 1.08 兆円が，2018 年には約 4.51 兆円に増加し，さらに 2019 年には約 4.8 兆円になりました。それに伴い，家電製品や化粧品の爆買（ばくが）いをはじめ，民家を改造したゲストハウス，TV ドラマのロケ地巡礼，あるいは国産ウィスキー・宝石・中古の重機などのオークション等，いろいろな新ビジネスが誕生しています。

　それらは，2003 年 1 月に当時の小泉純一郎（1942 年〜）首相の施政（しせい）方針演説を契機に，「観光立国の実現」へ向けて観光ビザの緩和などの具体化を進めてきた成果といえます。リーマン・ショック（2008 年）や東日本大震災（2011 年）で一時的に低下したものの，2012 年末以降は円安が進み，LCC の就航拡大もあり，インバウンド消費が増加しました。2020 年の東京五輪（2020 年東京オリンピック・パラリンピック競技大会）や 2025 年の大阪・関西万博（2025 年日本国際博覧会）をさらなるビジネスチャンスと捉え，訪日観光客に対するホスピタリティを向上させようと，民間企業や地方公共団体などがさまざまな取り組みを始めています[14]。

　同時に，2013 年以降に急増してきた外国人労働者[15] は，2018 年 10 月末現在で約 146 万人もいます。日本の労働力人口は約 6,600 万人ですから，約 50 人に 1 人の割合です。日本政府は高度人材などに限定して外国人の就労を認めてきましたが，実態は技能実習が急増し，留学生のパートやアルバイトが常態化しています。通勤やランチの時に外国人のビジネスマンを見かける機会が増え，コンビニエンスストアや居酒屋で働く留学生も随分と目立つようになりました[16]。

　日本人の生産年齢人口は 1997 年を境に減少し，農業，漁業，製造業，建設業，サービス業などの現場では人材が払底（ふってい）しています。特に，高齢者介護，医療看護，家事代行など，新たな需要への対応が急がれます。そこで 2019 年 4 月，人手不足が深刻な農業，建設，介護などの 5 業種を対象に，新たな在留資格「特定技能」が設けられました。なお，2025 年までに 50 万人超の外国人労働者を受け入れる見込みです。

　増え続ける外国人労働者が，日本人と同等の賃金・処遇の確保はもとより，キャリアパスの明確化，生活環境の整備を求める声が増えることは明らかです。

　長く勤務すればするほどに得をする年功カーブを是正し，国籍を問わず職種ごとの同一労働同一賃金に近づくでしょう。また，副業・兼業をする外国人労働者が増え，生涯をとおしていろいろな職業に転職することを許容することになるでしょう。さらに，解雇紛争を減らすためにも，補償の水準を明確にし，万一もめた場合でも金銭解決ルールを設けることとなるでしょう。

　外国人労働者の増加は，その職場の改善のみならず，生活環境の改善など，受け入れるための戦略や対応が求められます。家族を帯同（たいどう）して日本で生活する外国人労働者が増えれば，日本人と同等に教育や医療・福祉・介護などの公共サービスを求め，子弟が進学塾や進学校へ通う姿も自ずと増えます。

　従来から在留外国人をめぐる国籍取得，選挙権付与，納税義務（日本国憲法第 30 条），義務教育（憲法第 26 条），生存権の保障（憲法第 25 条），外国人学校への助成金交布（憲法第 89 条）などが議論されてきましたが，より具体化することでしょう。

　外国人労働者を巡る一連の改革が，新たな労働力確保の手段で，それらを使い倒すという発想であるならば，早晩（そうばん），社会問題化する等，リスクが増えるのは明々白々です。1960 年代の旧西ドイツ（1949〜1990 年）が，単純労働を担う（ドイツ語を話せない）トルコ人を大量に受け入れ，その後，言葉の壁によって意思疎通ができずに地域で孤立した問題（分断された社会）を記憶しておくべきでしょう。

（2）外国人の隣人とどう暮らすか

　このように，外国人観光客や外国人労働者が増える現状では，国籍・性別・年齢を問わず，彼らとコミュニケーションをとることが求められます。

　図 1−1 のとおり，日本で生活する在留外国人が増加し，仕事においても英語を社内の公用語としたり，TOIC® のスコアを採用時や昇進時の要件にしたりする企業が増えています。また，仕事仲間や取引先，顧客などが，必ずしも日本人とは限らず，外国語で対話する機会も増えてきています。

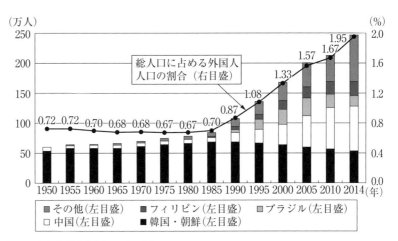

資料：法務省「在留外国人統計」
(注) 1. 2010 年までは，「外国人登録令」，「外国人登録法」に基づき登録された各
　　　年 12 月末日現在の外国人登録者数。
　　　2014 年は，在留資格又は特別永住者の地位をもって在留する総在留外国人数。
　　2. 総人口に占める外国人人口の割合は，2010年までは総務省統計局「国勢調査」，
　　　2014 年については総務省統計局「人口推計」における各年 10 月 1 日現在
　　　の人口を用いて算出。
　　3. 1950〜1970 年は沖縄県を含まない。

図1-1　外国人人口および総人口に占める割合の推移
出典：出入国在留管理庁「在留外国人統計」

　必然的に，組織全体のダイバーシティへの対応姿勢が問われ，個人レベルでも能力の研鑽が望まれています。肌の色などの容姿をはじめ，人種，民族，文化，生活習慣，言語，宗教，歴史，教育などへの偏見や差別意識は禁物です。個人のアイデンティティー（主体性）や価値観，職業観などを尊重しながらコミュニケーションを図らなければなりません。

　そうでなければ，生産性は上がらず，競争力がつきません。それは，対話する相手にとっても同様です。組織全体としても，人材の発掘，アイデアの喚起，多様なニーズへの対応などが進まず，硬直したものになりがちです。

　日本では，上場企業の不適切な会計・経理などが続出したことを受け，2015 年 6月に金融庁と東京証券取引所（1949 年創業）が，上場企業が遵守すべき行動規範・指針として，コーポレートガバナンス・コードを策定しましたが，ダイバーシティの充実は，その大切な要素に位置づけられています。

　最後に語学教育について触れておきたいと思います。読者の皆さんには，語学力の修練に励むことを勧めます。ここで強調したいのは，多様な価値観を受け入れ，柔軟になじむことができるダイバーシティを身につけることです。大切なのは国籍を問わず，多様な価値を受け入れ，対話する能力です。そのためには，自身のアイデンティティー（主体性）を確立する，たとえば生まれ育った地域社会や学校，国

家などの歴史・伝統・文化・民俗・習慣などへ造詣(ぞうけい)を深め，自己の存在価値を見いだすことが大切です。

　もちろん母国語以外の言語が堪能であれば，世界中にアクセスでき，人脈や情報が格段に増え，キャリア形成やリスク分散の選択肢も広がることでしょう。TOEIC®のスコアが高ければ，海外駐在や外資系企業で働く機会も増えるでしょう。

3．就労構造の変化

（1）崩壊する日本型雇用

　企業・団体は，労働人材（労働力）の確保と労働生産性の向上への取り組みが待ったなしの重要な経営戦略になっています。たとえば，一般職（事務職）と総合職を統合し，新卒採用も一般職を一律廃止する等の人事制度改革が断行されつつあります。こうした変革の背景には，生産年齢人口の減少（少子・高齢化）をはじめ，第4次産業革命，グローバル化，業種・職種[17]や働き方の多様化，大学進学率の上昇などがあります。

〈これまで＝日本型雇用〉
　①新卒一括採用（新規学卒者のみ対象）
　②学歴・職歴偏重
　③雇用慣習（年功序列・終身雇用）[18]を前提としたメンバーシップ型採用（人物本位）
　④長時間労働体質
　⑤年功型賃金
　⑥正規・非正規雇用労働者の待遇格差
　⑦企業別の労働組合

〈これから＝欧米型雇用〉
　①中途採用・通年採用（転職・再就職）
　②学んだ内容重視
　③何ができるか能力を重視するジョブ型採用（職務本位）
　④フレックスタイム制，裁量労働制
　⑤成果主義
　⑥同一労働同一賃金，非正規雇用の処遇改善・正社員化

⑦産業別・職業別の企業横断的な労働組合

　就労構造の変化に伴い，就職する前（就職を決意する前）の心構えが大切になってきています。将来どう活躍するか（目的），そのために今，何を学ぶか（学び），そしてこれまでの経験やキャリア等を組み合わせて，どのように学ぶか（統合）が重視されてきています（詳細は第2章参照）。

　新卒採用で新入社員研修を受けたばかりの若手社員が，Word でビジネスレターを書いたり，Excel で統計グラフを描いたり，PowerPoint でプレゼンテーションの資料を作る等，入社してすぐに仕事を任される機会が増えています。著者が勤務する大妻女子大学（1908 年設立）でも，それらソフトウェアを使いこなして課題レポートを提出する1年生が増えています。Word, Excel, PowerPoint ができることは，英語などの語学力ができるのと同じように，もはや必要不可欠な技能といえます。でも，それは技能にすぎません。若いうちに身につけるべきは，そのような技能を使いこなすための，もっと根源的な姿勢・意欲や資質・能力です（第2章 pp.33–35 参照）。

（2）何歳まで元気に働くか

　2020 年現在，日本政府が掲げる目標「一億総活躍社会」は，性別（男女）・年齢（老若）・国籍・障碍の有無を問わず，すべての人が一人ひとりに合った働き方・生き方を実現することがめざしています。雇用者報酬を増やすとともに，女性，高齢者，外国人，障碍者などを包摂し，共生する（共生せざるをえない）場面が増えつつあります。

　働き方改革関連法（2018 年7月公布）[19] をはじめとする，政府主導の一連の働き方改革（女性の学び直し等による復職・再就職支援，65 歳以上の定年引上げ促進，外国人材受入れ，障碍者就労など）は，企業・団体の持続的成長の基盤づくりが目的にあります。

　2019 年4月から残業時間への上限規制（罰則つき）がスタートし，残業削減やテレワークなどの柔軟な働き方が広がりつつあります。2020 年4月からは同一労働同一賃金が始まり，正社員と非正規社員との不合理な待遇格差を禁じるようになりました。

　「男性も女性も，とにかく元気に 70 歳まで働こう！　足りなければ外国人もいますよ！」と言われても，一人ひとりに働きがいがあるかと問われると，課題がありそうです。欧米諸国の企業で一般化している従業員エンゲージメント調査では，仕事への貢献意欲をはじめ，企業・団体がめざす方向性への理解度，帰属意識などを

チェックします。

　スマホなどの移動通信システムの普及に伴い，多様な価値をもつ人々と交流する機会が増えて，コミュニケーションのとり方に苦労する場面も増えました。企業・団体の社員研修でも，組織人として心構えを会得する機会が充実しつつありますが，不安も伴います。自分自身の働き方・生き方に対する意識がしっかりしていても，仕事の内容次第では，または組織の体質によって，あるいは上司や同僚，取引先などの人間関係によって，勤務時間や休暇などに対する意識は異なってきます。仕事に適応できずに，不安や焦りなどのストレスを感じて不安障害になったり，抑うつ感や焦燥感などが現れるうつ病，幻覚や幻想などが現れる統合失調症などに陥るリスクもあります[20]。

　Facebook（2004 年創業）の COO であるシェリル・カラ・サンドバーグ氏（Sheryl Kara Sandberg, 1969 年〜）は，その著書『LEAN IN』で，自身が詐欺師症候群に陥ったことを告白しています。「自分は評価に値する人間だとは思わずに，たいした能力もないのに誉められてしまったと罪悪感を覚え，まるで誉められたことがなにかの間違いのように感じる」と。詐欺師症候群とは，成果を上げていながら，自分の才能を疑い，自らを詐欺師のように感じ，不安になる傾向のことです。詐欺師症候群は，さまざまな業種・職種で確認されています。また大学生・大学院生でも陥るリスクがあるようです。学び方や働き方について，より完璧でありたいと願い，思い詰めたり，自暴自棄になる可能性が潜んでいます。常に家族や友人，心理カウンセラーなどに相談できる人間関係を築くよう心がけましょう。

　加えて，人生 100 年時代と言われると，仮に定年の 60 歳か 70 歳まで働いたとしても，その後の老後の不安がつきまといます。総務省の家計調査では，2018 年の平均貯蓄率は 26.6 ％で，2000 年以降では最高になっています。将来不安から消費を控える傾向は強まっています。

　「定年後 40 年？　足りるかな，お金」とは，2019 年に放映された，資産運用を勧めるテレビ CM です。長生きしても将来が不安だという国民の心情を代弁しているようです。平均寿命が伸び，公的年金の支給期間が長期化したことに伴い，抜本的な年金改革が必要です。公的老齢年金の支給開始年齢（定額部分）は，1994 年に 60 歳から 65 歳へ引き上げられ，実際に男性は 2001 年に，女性は 2008 年に変更されました。それでも平均寿命 80 歳超の現在，15 年間も年金を受け取れます。他の先進国では，日本より平均寿命が短く，年金支給期間も 10 年間ほどです。年金財政が底を突きかねず，年金支給開始年齢を 70 歳へ引き上げることも一案ですが，検討する気配はありません。

4．経済構造の変化

（1）デフレ脱却にこだわってきた日本経済

　日本政府と日本銀行（1882年設立）が，2013年1月に異例の共同宣言をしてから，すでに丸7年が経ちます。

　日本銀行は，デフレ脱却のための量的・質的金融緩和（QQE），いわゆるリフレーション（英語でReflation，通貨再膨張）を行い，通貨を毎年約80兆円も発行し続け，同時に長期国債をはじめETF（上場投資信託）やREIT（不動産投信）を大量に購入し保有してきました。また，日本政府や地方公共団体は，持続的な経済成長の実現のために機動的な財政運営，つまり国土強靱化などの大規模な公共投資を続け，同時に民間投資を喚起すべく，企業・団体に働きかけて成長戦略に取り組んできました。

　その結果，マイナス金利が物価安定や景気を刺激し，通貨安（円安），株高，債務膨張を招き，おもなファンダメンタルズ（英語でFundamentals，国や企業などの経済状態等を示す指標）は次のとおりに堅調に推移してきました。

①景気動向指数（CI）が戦後最長の景気回復期に＝57ヵ月続いた「いざなぎ景気」（1965年11月～1970年7月）や73ヵ月続いた「いざなみ景気」（2002年1月～2008年2月）に比して，2019年1月29日に74ヵ月連続に（2012年12月～）。

②実質GDP（国内総生産）が16年ぶりに8四半期連続のプラス成長に＝1999年4～6月期から2001年1～3月期に比して，2016年1～3月期から2017年10～12月期に。

③日経平均株価が27年1ヵ月ぶりの高値に＝1991年7月31日に付けた24,120円が，2018年9月28日に24,120円に（最高値は1989年12月29日に付けた38,915円）。

④社債起債本数が19年ぶりに高水準に＝1998年に比して，2017年に約530本，発行額10.9兆円に。

⑤有効求人倍率が43年5ヵ月ぶりの高水準に＝1974年2月に1.53倍が，2017年7月に1.52倍に。

⑥失業率が22年ぶりの低水準に＝1994年度に2.9％が，2016年度に3.0％に。

⑦国の税収（一般会計）[21]が28年ぶりの高水準で過去最高に＝1990年度に60.1兆

円が，2018年度予算で60.4兆円超に（2019年度，62.5兆円，2020年度63.5兆円と更新）。

⑧国の予算案（一般会計）が過去最大に＝2020年度に102.6兆円に（2年連続で100兆円を超える）。

ところが同時に，次のような事実も存在します。

①2013年1月に日本銀行は，「物価安定の目標」として消費者物価の前年比上昇率を2％と定め，これをできるだけ早期に実現すると約束しましたが，2019年の前年比上昇率は0.6％で，まったく実現できていません。

②2013年春以来，政府は経済界や労働組合に対して，春闘に先駆けて，賃金引き上げを事前要請してきましたが，盛り上がりに欠けて2％がやっとの状態です。企業・団体は，投資抑制の傾向が続いて設備投資が進まず，価格抑制も続いて賃金体系が見直され，さらに超低金利で利払いが減りました。

③2015年9月に，政府は「2020年ころ名目国内総生産（GDP）600兆円達成する」と宣言しましたが，2020年2月公表の速報値で2019年に554兆円にすぎません。

④2017年3月に，政府は最低賃金について，「年率3％程度を目途として，名目GDP成長率にも配慮しつつ引き上げていく。これにより，全国加重平均が1,000円になることを目指す」と宣言しましたが，2019年度現在で東京都が最も高く1,013円で，最も低い沖縄県など15県では790円で，223円もの差があります。

　半導体（英語でSemiconductor）をはじめ，集積回路（英語でIntegrated Circuit，ICと略記），AI，量子コンピュータなどの技術が爆発的に進歩して，品質は向上しつつ，情報伝達コストは低下し，物価は上がらず，賃金や名目GDPも増えない構造になりつつあります。家計消費がこの10年間でほぼ変わらない状況下では，働き方改革によってワークシェアリング（英語でWork Sharing）や非正規雇用などの就業機会が増えても，労働生産性が低迷するのは当然です。まして低賃金では人手不足も当然です[22]。

　第4次産業革命が進展する今日では，物価，賃金，名目GDPなどを政策目標に掲げて，達成できずに憂うよりも，むしろ家計消費を促すべく，産業構造をいかに変えるか，同時に投資行動をいかに順応させるかが大切だと著者は考えます。

　日本銀行は企業価値とは無関係に買い続けた結果，上場企業約1,500社の大株主

になってしまいました。また，日本銀行による買いによって株価は下支え<ruby>下<rt>したざさ</rt></ruby>され，企業利益が高水準となり，株主への配当は大幅に拡大して1990年代初めの5倍を超えました。

　企業が利益を貯め込む状態となりましたが，上場企業の数は地方の証券市場を含めると3,735社で，その時価総額は東京証券取引所第一部だけで約652兆円です。米国の証券市場が3,600社台であるものの，その時価総額は日本の5倍もあり，日本は企業が多い割には小さすぎるといえます。

　他方，非上場企業の中には，デカコーン（英語でDecacorn，株式評価額が100億USドル超）や，ユニコーン（英語でUnicorn，株式評価額が10億USドル超）と呼ばれるスタートアップ企業が出現し，その多くは米国や中国で生まれています。未公開株ファンドが隆盛ですが，企業の買収価格が高止まりで，大型買収がなかなか進んでいません。

（2）経済のトレンドとキャリア形成をどう結びつけるか

　生命保険会社や信託会社などの機関投資家（英語でInstitutional investor）は，日本では長くサイレント・パートナー（英語でSilent partner，物言わぬ株主）として，投資先の経営に口を出さない安定株主工作などの慣習が続き，証券市場の存在意義や適正な価格を示す機能が弱まっていました。株式や土地の含み益を使った過剰な信用創造はバブル経済を生み出し，その後の平成時代に自己資本利益率（ROE）経営や時価会計が導入されてきました。さらに，2014年に金融庁がスチュワードシップ・コードを策定して以来，アクティビスト（英語でActivist，物言う株主）が出現し，投資先の企業・団体の経営陣に対して経営戦略や資本戦略などを提案し，その価値を高めて最終利益を得ようとする投資ファンドが増えてきました。

　欧米諸国の機関投資家は，これまで武器関連をはじめ，化石燃料やタバコなどの事業会社へ投資を行い，高いリターンを得てきました。ところが，リーマン・ショック（2008年）などを経て，2010年頃から短期志向のマネーゲームを止<ruby>止<rt>や</rt></ruby>め，中期的視点に立ったESG投資へと転換が図られるようになりました。

　たとえば，①2017年11月にスイス保険チューリッヒ（1872年創業）が石炭火力発電事業への投資2.2兆円を撤退，②2018年1月に米国ニューヨーク市職員退職金年金基金（NYCERS）などが化石燃料を使用した事業への投資5,500億円を撤退，③2018年1月，オランダ公務員総合年金基金（ABP）がタバコや核兵器事業への投資4,455億円を撤退などが挙げられます。この観点に立つと，石炭採掘や石炭火力発電，途上国へのプラント輸出を続ける日本の電力会社や総合商社は，投資している金融資産を引き上げるダイベストメント（英語でDivestment）の対象となっ

ています。

　また，ESG 投資の関連で忘れてはならないのが，身長 120cm 程の少女像「Fearless Girl（恐れを知らぬ少女）」です。2017 年 3 月 8 日（国際女性の日）に，米国ニューヨークのウォール街に突然設置された銅像は，資産運用会社 SSGA（State Street Global Advisors，1978 年創業）が作成したものでした。女性を経営トップとして起用している企業へ投資するファンドをつくって，その 1 周年記念に作成したとのことですが，ウォール街を象徴する大きな雄牛の銅像の前に立ち塞がるかのように両腕を腰に当て向き合う小さな少女像は，ニューヨーク市長らも巻き込んで社会問題となりました。2017 年 3 月，S&P 500（ニューヨーク証券取引所（1817 年創業）などに上場する 500 銘柄が対象）の企業で働く女性は 45 ％なのに対して，女性の役員は 19.2 ％しかいませんでしたが，1 年後には 500 社のうち 152 社で女性の取締役が誕生したそうです。

　ところで，この ESG 投資という概念は，国際連合（国連と略記，1945 年設立）のアナン（Kofi Atta Annan，1938〜2018 年）事務総長が 2006 年に提唱した責任投資原則（英語で Principles for Responsible Investment，PRI と略記）が元となっていますが，2015 年 9 月には持続可能な開発目標（英語で Sustainable Development Goals，SDGs と略記）が国連で採択されました。2001 年に採択した発展途上国向けの中期目標であるミレニアム開発目標（英語で Millennium Development Goals，MDGs と略記）の後継事業として，2015 年から 2030 年までの 15 年間で，世界各国が達成すべき 17 のゴールと 169 のターゲット（達成基準）を掲げました。

　たとえば，①1 日 1.25 US ドル未満で暮らす極貧困層を無くすこと，②新生児と 5 歳未満の子供の予防可能な死亡事例を無くすこと，③すべての子供が質の高い初・中等教育を受けられるようにすること，④少女・女性への性別による差別を無くすこと，⑤子供への虐待・搾取・人身売買などを無くすこと，⑥再生可能エネルギーの利用比率を大幅に向上させること等があります。

　これを受けて，日本政府は，2016 年 12 月に「持続可能な開発目標（SDGs）実施指針」を決定して，8 つの優先分野と 140 の具体的施策（国外向けを含む）を指標として掲げました。具体的には，たとえば，①感染症対策の専門家を 2 万人育成すること，②女性警察官などを 3 年間で 5,000 人育成すること，③5 万人の女子を対象とした学習環境を改善すること等があります。

　他方，日本の民間企業の取り組みはどうでしょうか。日本経済新聞（1876 年創業）は，2019 年 5 月に上場企業および従業員 100 人以上の非上場企業を対象に SDGs への取り組み状況を調査して，その結果を偏差値化して公表しました（有効回答は上場企業 601 社，非上場企業 36 社）。偏差値 70 以上にはキリンホールディン

©'76,'20 SANRIO　著作(株)サンリオ

図1-2　ハローキティのSDGs応援シリーズ動画（毎月配信）
提供：株式会社サンリオ

グス（1907年創業），コニカミノルタ（1936年創業），リコー（1936年創業）が位置し，65以上には34社が該当しました。

　SDGsへの取り組みに熱心だと評価された，偏差値の高い企業は共通して，①経営計画や新規事業でSDGsを最近始めた訳ではなく，かなり以前から同趣旨の取り組みを続けていること，②経営者がリーダーシップをもってしっかりとコミットしていること，③社員が自主的・自発的に参加していること，そして④自己資本利益率（ROE）などの指標が高い傾向があります。

　なお，サンリオ（1960年創業）は，同社が1974年に開発したキャラクター「ハローキティ」を用いてSDGsを応援すべく，図1-2のとおり，動画共有サービスのYouTube（2005年創業）を利用して，2018年から毎月動画配信をしています。また，2025年の大阪・関西万博は，住友グループの白水会（1951年設立）と関西経済界，および日本経済団体連合会（経団連と略記，1946年設立）が中心となって開催するものですが，その目標のひとつに，SDGs達成に続く目標（SDGs＋beyond）へ向けたさまざまな取り組みを加速化することを掲げています。

　このように経済構造もまた急激に変化しつつある中で，自分のキャリアをいかに描くか（描き直すか），常に自分のポジショニング（英語でPositioning，立ち位置）を検証することが必要です。

■註
1：DNA解析には細胞核が不可欠で，検体としては唾液，口内粘膜，血液，精液，皮膚，爪，および毛根の付いた髪や体毛などが使用されます。なお，尿や糞便は，尿道や腸から剥離した上皮細胞や血液が含まれており，解析が可能です。
2：1970年代半ば以降，半導体産業やIT産業が発達してきた米国シリコンバレーでは，1990年代から，ファブレス化（英語でFabless，製造業が工場・施設を持たない現象）が進むとともに，収益性が高い開発・販売に集中してきました。それに伴い，連邦政府（ワシントンD.C.）へのロビー活動（英語でLobbying，関連法令の整備・予算事業化などの政策形成への圧力活動）では，①専門職の海外人材を確保するためのH1bビザ拡充，②ソフト

ウェアの著作権保護，③ハイテク企業に対する株主訴訟の制限強化，④研究開発費に対する優遇税制の延長などを重視してきました。

3：児童福祉法（1947 年 12 月公布）では満 18 歳未満の者を「児童」としていますが，学校教育法（1947 年 3 月公布）では小学校（特別支援学校小学部などを含む）の初等教育の在籍者を「学齢児童」や「児童」と呼びます（通称は「小学生」）。

　中学校や高等学校（特別支援学校中学部・高等部などを含む）の中等教育の在籍者を「学齢生徒」や「生徒」と呼びます（通称は「中学生」や「高校生」）。

　大学（短期大学と大学院を含む）や高等専門学校（略称は高専）の在籍者を「学生」と呼び，厳密には聴講生や科目等履修生などは含みません。さらに，高等専修学校や専門学校などの専修学校，および各種学校の在籍者を「生徒」と呼んで使い分けています。

4：高等学校の ICT 環境は，文部科学省の調べ（2018 年 3 月時点，全国 3,570 校，生徒数約 228 万人）では，1 台を生徒 4.6 人が共有している計算です。また，普通教室のうち 22.5 ％に無線 LAN が整備され，20.1 ％に電子黒板が整備されています。日本政府は，将来的には「1 人 1 台専用」が望ましいとしつつ，遅まきながら整備計画を進めています。

5：文部科学大臣の諮問機関である中央教育審議会は，2014 年末から 25 ヵ月にわたる審議を経て，2016 年 12 月に「幼稚園，小学校，中学校，高等学校及び特別支援学校の学習指導要領等の改善及び必要な方策等について（答申）」をとりまとめ，「カリキュラム・マネジメント」の実現などを提起しました。カリキュラム・マネジメントのポイントとして，①何ができるようになるか（育成をめざす資質・能力），②何を学ぶか（教科等を学ぶ意義と，教科等間・学校段階間のつながりを踏まえた教育課程の編成），③どのように学ぶか（各教科等の指導計画の作成と実施，学習・指導の改善・充実），④子供一人ひとりの発達をどのように支援するか（子供の発達を踏まえた指導），⑤何が身についたか（学習評価の充実），および⑥実施するために何が必要か（学習指導要領等の理念を実現するために必要な方策）を提示しました。

6：「共通して求められる力」とは，文部科学省の「新しい時代を豊かに生きる力の育成に関する省内タスクフォース」が，2018 年 6 月に提示したもので，Society5.0 における学びのあり方として，年齢を問わずに求められる力は，①文章や情報を正確に読み解き対話する力，②科学的に思考・吟味し活用する力，③価値を見つけ生み出す感性と力，および④好奇心・探究心だといいます。

7：内閣総理大臣が開催する教育再生実行会議が，2019 年 5 月にとりまとめた「第十一次提言」では，①小・中学校と高等学校では，基礎的読解力や数学的思考力などの基礎的学力，およびあらゆる学びの基礎となる情報活用能力の育成が必要，②大学・大学院などの高等教育では，文系・理系の垣根なくすべての学生が AI・数理・データサイエンスの基礎的な素養を身につけることが必要などと提言しています。

8：2019 年度以前の大学入試は，①高等学校レベルの知識・技能をセンター試験（大学入学者選抜大学入試センター試験）で測定し，②思考力・判断力・表現力を各国立大学の 2 次試験などで測定，さらに③学習に向かう力や意欲などを各大学の入学管理局（Admissions Office）による AO 入試で測定してきました。2020 年以降は，これら学力の 3 要素を，大学入学共通テストや総合選抜と呼ぶ AO 入試で測定しています。

　2017 年度から試行調査を繰り返し，2021 年春には 5 割強の大学が利用する予定で，国立では 9 割を超え，新たな受験制度のもとで大学生が誕生する予定です（ただし，合否判定での使用方法は各大学の判断に任されます）。

9：試験科目の英語について，英語 4 技能（読む・聞く・書く・話す）を測るために民間試験を活用する，いわゆる「大学入試英語成績提供システム」の導入が予定されていました

　　　（2020～2023 年度は大学入試センターが作成する試験と民間試験とが併存，2024 年度から民間試験に一本化）。2019 年 11 月に延期を決定しました。

　　　また国語と算数については，解答方法を全問マークシート式から改め，記述式問題の導入が予定されていました（2020 年度～）。2019 年 12 月に中止を決定しました。

10：新しい学習指導要領に対応した大学入学共通テストは，2021 年度に実施大綱が予告され，2023 年度に策定・公表され，2024 年度（2025 年 1 月）から実施される予定です。

11：大学進学率の上昇傾向は，1980 年代に 25 ％前後だったものが，1990 年代に 30 ％を超え，2000 年代に 40 ％を超え，2010 年代には 50 ％超が常態化しています。

12：2019 年 8 月 8 日付け公表，文部科学省「学校基本調査～令和元年度（速報）結果の概要～」に基づきます。

13：本書で外国人観光客とは，28 種類ある在留資格のうち，「短期滞在」は，観光，保養，スポーツ，親族の訪問などを目的に，3 ヵ月以下の在留をする人たちで，いわゆる観光ビザの保有者を指します。

14：日本政府が掲げる目標は 2020 年の訪日客 4,000 万人，インバウンドの消費額 8 兆円，1 人当たり消費 20 万円の計算ですが，消費不振が続いています。そのうえで 2020 年 1 月以降は新型コロナウィルスによる感染症が拡大し，経済活動が萎縮しています。

15：本書で外国人労働者とは，28 種類ある在留資格のうち，次のような就労できる資格で，いわゆる在留ビザの保有者を指します。

　　　①エンジニアなどの「高度専門職」。

　　　②企業経営者などの「経営・管理」。

　　　③中学・高等学校の語学教師などの「教育」。

　　　④経理・システム・通訳などの「技術・人文知識・国際業務」。

　　　⑤スポーツ指導者や外国料理の調理（外国人による和食調理を含まない）などの「技能」。

　　　⑥農業・建設・製造など 80 業種の「技能実習」。

　　　⑦技能実習を修了した外国人が引き続き働けるよう，農業・建設・介護・ホテル・飲食など単純労働の 14 分野の「特定技能」（2019 年 4 月施行）。

　　　⑧ホテル・飲食など接客業，工場・建設現場の監督者など 46 種類の「特定活動 46 号」（2019 年 5 月施行）。

16：外国人労働者数（2018 年平均）は，厚生労働省によると，①製造業 43.4 万人，②サービス業 23 万人，③卸売・小売業 18.6 万人，④ホテル・飲食業 18.5 万人，⑤建設業 6.8 万人います。これらには留学生（在留資格が「留学」）のアルバイトも含まれます。出入国管理及び難民認定法（1951 年施行）は，「資格外活動許可」を得れば，週 28 時間を上限に働くことを可能としていますが，小売店や飲食店などの労務管理は疎かになりがちです。留学ビザの交付・延長を厳格化しつつあります。

17：日本による職業分類は，1920 年の第 1 回国勢調査で導入されて以来普及してきましたが，総務省による 1950 年の「国勢調査用職業分類」や 1960 年の「日本標準職業分類（JSCO）」が原型となり，2009 年に初めて法令，即ち統計法（2007 年公布）に基づく基準が設定されました。他方，保険などの対象となる職業の指定については，厚生労働省が 1953 年に職業安定法（1947 年公布）に基づく「職業分類（ESCO）」を作成したのが始まりで，職業構造の経年変化，日本標準職業分類（JSCO）との整合性などを解決すべく，2011 年に 4 回目の改訂がなされ，職種は 892 から 2,167 に細分化されました。

18：年功序列や終身雇用は，1920 年代に熟練工の転職を抑制するために定期昇給制度や退職金制度が導入されたことで普及し，1950・60 年代の高度経済成長期の労働力不足を背景に定着しました。

19：働き方改革を推進するための関係法律の整備に関する法律。

20：厚生労働省が行う「患者調査」によると，2017 年における精神疾患による患者数は約419.3 万人います。その内，不安障害など（神経症障害，ストレス関連障害，身体表現性障害）の患者数は約 83.3 万人，うつ病など（双極性障害を含む気分・感情障害）は約 127.6 万人，統合失調症など（統合失調症，統合失調症障害，妄想性障害）は約 79.2 万人います。

21：国の税収は，①個人所得税（2019 年度予算額における構成比 30.6 ％），②法人所得税（同 23.6 ％），③消費税（40.8 ％），④資産税（4.9 ％）などから成り立っています。

　　なお，地方公共団体の税収は，都道府県では①個人住民税（県民税など），②地方法人二税（法人住民税・法人事業税），③地方消費税，④自動車税，⑤軽油取引税などから成り，他方，市区町村では①個人住民税（市民税など），②法人住民税，③固定資産税，④都市計画税などから成り立っています。

　　買い物をした時に徴収される消費税をはじめ，アルバイトや就職に伴い所得が発生した時，マンションや自動車を取得した時，結婚して子供が生まれ扶養家族が増えた時，あるいは両親などから遺産を相続した時などに，国や地方公共団体へさまざまな税金を納付します。納税は国民の三大義務のひとつ（憲法第 30 条）ですが，その税金がどのように予算配分され，身近な公共サービスとして還元・分配されているか，費用対効果はどうか，自分が暮らす国や地方公共団体などの財政状況やルール（法律や条例）などの動向に常に関心をもつようにしましょう。

22：野村総合研究所（1965 年創業）は『デジタル資本主義』で，デジタルサービス（有料・無料を問わず）がもたらす経済効果を，消費者が受けるメリット，すなわち消費者余剰（消費者が最大支払っても良いと考える価格と実際の取引価格の差額）という観点から測定して，2016 年の日本の実質 GDP 約 520 兆円の約 30 ％の約 161 兆円の規模があり，年間 20 兆円も増加していると試算しました。

■引用・参考文献

新井紀子（2019）『AI に負けない子どもを育てる』東洋経済新報社

入山章栄（2019）『世界標準の経営理論』ダイヤモンド社

経済産業省（2019）「「未来の教室」と EdTech 研究会　第 2 次提言〜EdTech の力で，一人ひとりに最適な学びを　STEAM の学びで，一人ひとりが未来を創る当事者（チェンジ・メイカー）に」（2019 年 6 月 10 日）

シェリル・カラ・サンドバーグ，川本裕子（序文），村井章子（訳）（2018）『LEAN IN〜女性，仕事，リーダーへの意欲〜』日本経済新聞出版社：pp.43-45.

渋沢雅英，国分良成，細谷雄一，山本正，西野純也（2009）『地球的課題と個人の役割—シヴィル・ソサエティ論総括編』慶應義塾大学出版会

首相官邸・教育再生実行会議（2019）「技術の進展に応じた教育の革新，新時代に対応した高等学校改革について（第十一次提言）」（2019 年 5 月 17 日）

本文（https://www.kantei.go.jp/jp/singi/kyouikusaisei/pdf/dai11_teigen_1.pdf），および資料（https://www.kantei.go.jp/jp/singi/kyouikusaisei/pdf/dai11_teigen_sankou.pdf），（2020 年 1 月 15 日参照）

独立行政法人情報処理推進機構　AI 白書編集委員会（編）（2017）『AI 白書 2017　人工知能がもたらす技術の革新と社会の変貌』角川アスキー総合研究所

世界銀行（2019）『「女性・ビジネス・法律 2019：改革の 10 年（Women, Business and the Law 2019: A Decade of Reform）』

（https://openknowledge.worldbank.org/bitstream/handle/10986/31327/WBL2019.pdf），

（2020 年 1 月 15 日参照）

中村桂子（2016）『絵巻とマンダラで解く生命誌』青土社

文部科学省・Society 5.0 に向けた人材育成に係る大臣懇談会　新たな時代を豊かに生きる力の育成に関する省内タスクフォース（2018）「Society 5.0 に向けた人材育成～社会が変わる，学びが変わる～」（2018 年 6 月 5 日）

（https://www.mext.go.jp/component/a_menu/other/detail/__icsFiles/afieldfile/2018/06/06/1405844_001.pdf），（2020 年 1 月 15 日参照）

長谷川時雨，杉本苑子（編）（1985）『新編　近代美人伝（上・下）』岩波書店

森健，日戸浩之，此本臣吾（監修）（2018）『デジタル資本主義』東洋経済新報社

─────────────────── 第 1 章のポイント◆

- 女性がいかにキャリアを積み重ね，同時にいかに子育て等のライフイベントをこなしていくか，ワーク・ライフ・バランスを図るためには，まずは自分を取り巻く（時間的・空間的）環境を常に冷静に見極める必要があります。

①産業構造・教育構造の変化：第 4 次産業革命に伴う超スマート社会を指向

②人口構造の変化：生産年齢人口の減少，外国人労働者の急増

③就業構造の変化：日本型雇用の崩壊，持続可能なエンゲージメントの必要性

④経済構造の変化：物価・賃金・名目 GDP では把握できない実態，ESG 投資の増加

第2章

社会人基礎力

キーワード：リテラシー，コンピタンシー，正課教育と正課外教育の統合，プレゼンテーション

1．社会人基礎力とは何か

（1）人材としての OS

　第1章で述べたとおり，産業構造・教育構造・人口構造・就労構造などのさまざまな局面で地殻変動が起こっており，それに伴うリスクが増しています。そんな環境下で，私たちはどのように生きていったらよいのでしょうか？

　経済産業省は，「知識やスキルの「賞味期限」は短期化しており，時代に応じて自ら随時アップデートしていくことができる人材が求められるようになった。加えて，上辺だけのスキルだけでなく，あらゆる環境下（どのような組織・企業等）においても，自らの能力を最大限発揮するための社会人基礎力（＝いわゆる人材としての「OS」）を備える必要性が増加している」[1]と述べています。ここでいうOSとは社会人としての共通能力を意味していて，これらを修得したうえに，企業・団体などの特性に応じた技能などを，いわばコンピュータのアプリケーションのように身につけるべきだといいます（図2-2の下の図参照）。

　では，人材としてのOSとして身につけるべき社会人としての共通能力とは，いったいどのような能力を指すのでしょうか？　経済産業省によると，ひとつは次の4つの能力を指し，もうひとつは社会人基礎力だといいます。

①他者との関わりの重要性：「日々の経験や他者との関わりの中から学ぶことが重要であり，また，定期的に自らを振り返ること（リフレクション）が有効」[2]です。
②マインドセット・主体性・仕事観
③キャリア・オーナーシップ：「キャリアは企業からただ与えられるものではな

前に踏み出す力（アクション）

～一歩前に踏み出し，
失敗しても粘り強く取り組む力～

主体性
物事に進んで取り組む力

働きかけ力
他人に働きかけ巻き込む力

実行力
目的を設定し確実に行動する力

考え抜く力（シンキング）

～疑問を持ち，考え抜く力～

課題発見力
現状を分析し目的や課題を
明らかにする力

計画力
課題の解決に向けたプロセス
を明らかにし準備する力

創造力
新しい価値を生み出す力

チームで働く力（チームワーク）

～多様な人々とともに，目標に向けて協力する力～

発信力　自分の意見をわかりやすく伝える力
傾聴力　相手の意見を丁寧に聴く力
柔軟性　意見の違いや立場の違いを理解する力
情況把握力　自分と周囲の人々や物事との関係性を理解する力
規律性　社会のルールや人との約束を守る力
ストレスコントロール力　ストレスの発生源に対応する力

図2-1　社会人基礎力（2006年提唱）
出典：経済産業省ウェブサイト（https://www.meti.go.jp/policy/kisoryoku/）

く，自ら作り上げるべきものだという認識が不可欠」[3]です。

④リーダーシップ：経験（仕事による学び）7割，薫陶（上司・先輩などの体験談による気づき）2割，研修（学びと内省（リフレクション））1割との知見[4]を経済産業省は紹介しています。

経済産業省は2006年に，企業・団体や地域社会で多様な人々と仕事をしていくために必要な力として，図2-1のような社会人基礎力（3つの能力と12の能力要素）を提唱しました[5]。また，2018年になると，これまで以上に企業・団体や地域社会との関わりが長くなるとの時代認識から，ライフステージの各段階で活躍し続けるために必要な力として，図2-2のように「人生100年時代の社会人基礎力」として再定義しました[6]。高等学校・大学卒業時に身につけるべき能力にとどまらず，長い人生をとおして学び続け，活躍し続ける視点が加わったのです。

（2）求める能力をめぐる，企業と学生に認識ギャップ

ところで，経済産業省は2010年に，「大学生の「社会人観」の把握と「社会人基礎力」の認知度向上実証に関する調査」と題する，興味深い調査結果の報告書をまとめています。2009年末に，上場・非上場の企業計1,179社の人事担当者に対して，「学生に求める能力要素」に関するアンケート調査を行い，同時期に日本人学生（大学・修士課程・博士課程）1,598人に対して，「企業で求められていると考える能

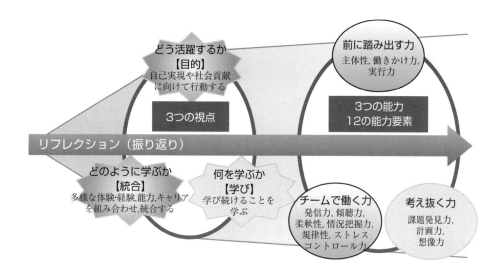

「人生100年時代」に求められるスキル

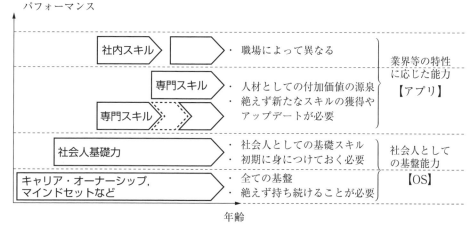

人生 100 年時代の働き手は，【アプリ】と【OS】を常に"アップデート"し続けていくことが求められる。

図２-２　人生 100 年時代の社会人基礎力（2018 年提唱）
出典：経済産業省ウェブサイト（https://www.meti.go.jp/policy/kisoryoku/）
一部筆者が加筆修正したもの。

力要素」をアンケート調査したところ，大きな差異がみられたのです。

　図２-３のとおり，学生が自己評価する「すでに身についている」能力と「不足している」能力を巡って，こんなにも企業の見る目とズレがあるのかと，その認識のギャップに驚かされます。

　企業が学生に対し，「主体性」「粘り強さ」「コミュニケーション力」といった，社会人基礎力（３つの能力と12の能力要素）と類似した，内面的な能力要素の不足を

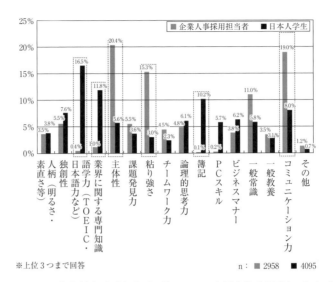

※上位3つまで回答　　　　　　　　　　　　　　n：　2958　　4095

図2-3　日本人学生が「自分が不足していると思う能力要素」，および
　　　　企業が「学生に不足していると思う能力要素」の比較
出典：経済産業省（2010）「大学生の「社会人観」の把握と「社会人基礎力」
　　　　の認知度向上実証に関する調査」

感じている一方で，学生はそれらの能力要素への意識は低く，「自分はすでに身に
ついている」と考える傾向がみられます。

　また，日本経済団体連合会（経団連と略記，1946 年設立）が，加盟企業を対象に
して毎年行っている調査「採用選考時に重視する要素」においては，コミュニケー
ション能力が，2004 年度以降，最も重要であると認識され続けています（詳細は第
4章参照）。その「コミュニケーション力」に関して，経済産業省の調査結果による
と，学生と企業の双方ともに「社会に出て活躍するために必要だと考える能力」と
して，「人柄」とともに最も重視しているようです。ただし，コミュニケーション能
力が「不足している」と思うかとの問いに対して，学生は自己評価が甘く，企業は
峻烈な評価をしていることがわかります。経団連の調査ではコミュニケーション
能力に続いて，主体性やチャレンジ精神が重視されていますが，ここでは「主体
性」や「粘り強さ」といった点に関しても，同じように学生の甘い自己評価に対し
て企業は厳しい評価をしています。

　また，学生は「語学力」「業界に関する基礎知識」「簿記」「PC スキル」などの不
足感を感じている一方で，企業側は特に不足感を感じていないという実態がわかり
ます。多くの大学生・大学院生が企業・団体へ就職する前までに，英語などの語学
ができ，Word, Excel, PowerPoint もでき，複式簿記や原価計算もできて，財務諸
表も読めないといけないと思い込んでいるかのようです。さらには，就職先の企
業・団体に関連する基礎知識までも熟知しておくべきだと考えているのでしょう

か。これらの点で自分は「まだまだです」と反省しているようです。でも，企業側はそれほど不足していると思っていません。入社後に身につければ十分，と認識しているとも解釈できます。そして，学生時代にはむしろ，「主体性」「粘り強さ」「コミュニケーション力」などを伸張することを期待しているとわかります。

　ネットで情報収集するばかりでなく，労を惜しまず現場へ足を運び，積極的に人と交わり，よく質問し，指導を仰ぎ，気の合わない仲間とも粘り強くかつスムーズにコミュニケーションを図る，そんな適応力を企業が求めていることが伝わってきます。そうした能力は，一朝一夕に身につくものではありません。持って生まれた才能もさることながら，育った周囲の環境や，学生時代から努めて注意を払い過ごしてこなければ，身につきません。実社会では一人で完結する仕事はほとんどありません。学生時代のような，気の合う仲間とばかりつきあうわけにはいきません。多くの人を巻き込んで，期限までに業務を完了せねばなりません。毎日がその積み重ねです。

（3）「社会人基礎力育成グランプリ」とは

　経済産業省は「社会人基礎力育成グランプリ」を企画し，2007〜2011年度は主催者として運営してきました。2012・2013年度は日本経済新聞社（1876年創業）が主催者となり，経済産業省が後援しました。さらに2014年度以降は，社会人基礎力協議会（2018年に一般社団法人化）が主催し，同様に経済産業省が後援して現在に至っています。

　このコンテストの目的は，社会人基礎力（3つの能力と12の能力要素）という言葉を使って，①学生が活動を振り返り，成長を実感するとともに，②演習科目（ゼミナール活動）などの成果・問題点を見つめ直し，今後の活動への課題・改善点を発見することにあります。プレゼンテーションのうまさや，行ったプログラムの高

図2-4　2017年度，洋菓子づくりの経験で関東地区予選大会・準優秀賞

図2-5　2019年度，和食点心づくりの経験で関東地区予選大会・優秀賞

度さや成果を競う，通常の発表会とは異なります。だから，このコンテストでは，学生自身が，自分たちがどれだけ成長したかを，社会人基礎力の能力要素の言葉を使って表現し，競います。審査基準には，3つの能力のほかに，「大学で学ぶ専門知識や教養がどれだけ深まったか」も加えられます。

　2007年度に「産学連携による社会人基礎力の育成・評価事業」のモデル大学7校が参加して始まりました。最近では，12月に全国6ブロックで地区予選大会が行われ，翌年2月に全国大会が行われています。また2019年度からは，「目的（どう活躍するか）」「学び（何を学ぶか）」「統合（どのように学ぶか）」から成る3つの視点を加えた，「人生100年時代の社会人基礎力」がどれだけ成長したかが審査基準となりました。

　大妻女子大学（1908年設立）では，短期大学部の学生（18歳か19歳）が，図2-4や図2-5のように2017年度と2019年度に出場し，四年制大学・大学院に伍して健闘し，関東地区大会で準優秀賞と優秀賞（いずれも次席）を受賞しました。

（4）社会人基礎力を定期的に自己評価する

　彼女たちの社会人基礎力が，授業（演習科目，インターンシップなどの社会体験プログラムなど）や授業関連以外の学修[7]（サークル活動，ボランティア活動，アルバイト，資格取得対策講座など）をとおして，どれだけ成長したか，定量・定性評価することはなかなか難しいものです。

　そこで，著者は図2-6のようなチェックシートを作成して，2015年度以降担当するキャリア教育の授業において受講生が記入し，在学中に活用することを勧めています。また，その記入結果や授業態度などを基礎資料として，個々の学生の相談に適宜応じてきました。

　チェックシートでは，自分自身の社会人基礎力を能力要素別に5段階評価します。現状値は，自己評価ですからお手盛りになって甘くなりがちです。同時に，個々の能力について，1年後や2年後の期限でどこまで向上させたいか，目標値を定めます。その目的（何のためにその能力を向上させる必要があるのか），手段（どのように向上させるか）などを明記します。近い未来のこととなると，就職活動や四年制大学への編入学などが脳裏をかすめるのか，学生たちは真剣に考えます。

　チェックシートを記入する際の注意点は次のとおりです。

　第1に，そもそもどんな自分になりたいか，将来像をしっかりと描いていなければ，美辞麗句を並べただけになりがちで，実行可能性が担保されたものは書けません。

　第2に，自分が抱える問題点は何か，明確化せねばなりません。徹底した自己分

総点検　自分の社会人基礎力　しっかり分析し，目標へ向け研鑽し，１年後に検証し改善しましょう

学科・専攻　　　　　　　　　氏名

3つの能力	12の能力要素	定義（経済産業省による定義）	現在の点数	理想の自分（記入日　　年　月　日）	
				目標	目的・学び・統合
前に踏み出す力 Action	①主体性	物事に進んで取り組む力	/5	/5	
	②働きかけ力	他人に働きかけ巻き込む力	/5	/5	
	③実行力	目的を設定し，確実に行動する力	/5	/5	
考え抜く力 Thinking	④課題発見力	現状を分析し，目的や課題を明らかにし準備する力	/5	/5	
	⑤計画力	解題の解決に向けたプロセスを明らかにし準備する力	/5	/5	
	⑥創造力	新しい価値を生み出す力	/5	/5	
チームで働く力 Team Work	⑦発信力	自分の意見をわかりやすく伝える力	/5	/5	
	⑧傾聴力	相手の意見を丁寧に聴く力	/5	/5	
	⑨柔軟性	意見の違いや立場の違いを理解する力	/5	/5	
	⑩情況把握力	自分と周囲の人々や物事との関係性を理解する力	/5	/5	
	⑪規律性	社会のルールや人との約束を守る力	/5	/5	
	⑫ストレスコントロール力	ストレスの発生源に対応する力	/5	/5	

図2-6　社会人基礎力を測るチェックシート

析が必要で，評価の根拠となる自分の行動を見つめる必要があります。

　第3に，具体的な目標値と達成する手段はどうするか，曖昧な言葉ではなく明示することを強います。途中経過や事後評価ができるように，わかりやすい表現で書かねばなりません。

　読者の皆さんも，このチェックシートを活用して，１年後や数年後にどの能力をどれほど伸張させたいか，それはそもそもどんな自分になりたいためか，あまり気負わずに，率直な思いを文字に落としてみてください。そして，定期的に内省（リフレクション）することをお勧めします。以下には，個々の能力要素について著者が学生へ説明する内容の要点を列記しました。記述する際に参考にしていただきたいと思います。

　なお，前述のとおり，経済産業省は 2018 年 3 月に，従来の社会人基礎力を見直し，人生 100 年時代の社会人基礎力に改めました。これを受けて，2018 年度以降の

著者の授業では，図2-6のチェックシートを記入する際には，①目的（どう活躍するか），②学び（何を学ぶか），および③統合（どのように学ぶか）の3つ視点も考慮して具体策を記入するよう促しています。

（5）12の能力要素の評価ポイント

〈前に踏み出す力（Action）〉

①主体性＝物事に進んで取り組む力

人前で意見を言ったり，質問したりすることを，格好悪いと思っていませんか？ 自分から積極的に発言し行動することが，集団の雰囲気を変えていきます。最初の一歩は勇気が要りますが，自分にできることから着手し，躊躇することなく課題に取り組む姿勢が大切です。そして，できることを拡大すべく，知識・技能を意欲的に身につけることが望まれます。年齢が若いほど可能性が多く，周囲の期待も高く，それだからこそ，若いうちにいろいろと挑戦すべきです。

②働きかける力＝他人に働きかけ巻き込む力

家族や親戚，友達などと仲良くできるが，面識のない人との交流は面倒で，煩わしいと感じていませんか？ 黙って他人が働きかけてくれるのを待っているだけでは駄目です。そうは言っても，他人に先駆けて自己主張ばかりでは困ります。課題を解決するためには，さまざまな利害関係者と意見調整が伴うものです。他者を尊重し，自分と異なる多様な意見を引き出して，妥協点や公共善（個人を含めた集団全体のための善）を導き出す協調性を養いましょう。

③実行力＝目的を設定し，確実に実行する力

学校で教わっていないから，マニュアルに書いていないから，聞いたことがないからわからない，と言い訳をしたことはありませんか？ 集団や人は失敗を恐れ，前例踏襲に陥ります。革新的なことを非難しがちです。想定していない事態に遭遇した時は思考停止に陥り，現実逃避をしがちです。指示待ちではなく，とりあえず自らの意思で動くことが大切です。迅速に，責任感をもって，諦めずに粘り強く取り組むことが求められます。できない理由を探すのではなく，可能性を追求しましょう。

〈考え抜く力（Thinking）〉

④課題発見力＝現状を分析し，目的や課題を明らかにする能力

自分が思い描いたとおりにうまくいかない時，他人を責めたり，自分を責めたりした経験はありませんか？ どうして理想どおりに進まないのか，原因や理由，根拠を洞察する必要があります。あやふやなままに混乱したりすると，自己評価が過大になったり過小になったりしがちです。自尊心や自己効力感が安定し

ていれば，ここ一番の難局に対処できるようになります。そのためには，自分自身の能力を客観視でき，物事の本質を見極めて，原因などを把握できるようになりましょう。

⑤計画力＝課題の解決に向けたプロセスを明らかし準備する力

　人前で努力している姿を見せることを格好悪いと思っていませんか？　課題解決や目標達成などの結果は確かに大切ですが，プロセスも同時に問うべきです。不条理で，非合法的な手段は考えものですが，努力する姿も好意的に評価すべきでしょう。とはいえ，計画も形式ばかりでは困ります。実行可能性が担保され，より良い結果を生み出せるように，複数のプロセスを用意して，訓練としてのシミュレーションを繰り返す等の入念な準備ができるようになりましょう。

⑥創造力＝新しい価値を生み出す力

　やりたいことがない。やろうと思ったら，とっくにやり尽くされていると嘆いたことはありませんか？　良いアイデアを思いついて，同じ発想をしている先行事例を探したら，似たようなものがあって断念する。既成概念にとらわれず，オリジナリティや新規性を追求したいと思いつつも，他人の目が気になり，奇を衒った斬新な発想を嫌い，自己撞着を起こす。まずは興味が湧いたことから着手する，先人の知恵を真似る等の，焦らず，新しい発想が身につくよう努力を重ねることです。

〈チームで働く力（Team Work）〉

⑦発信力＝自分の意見をわかりやすく伝える力

　よく考えた末の自分の思いを，誰かへ伝えたいという強い意思があっても，なかなか上手く伝えられない。そんな苦い経験はありませんか？　簡潔明瞭に，短時間で，要点を突いて伝えるためには，話す相手によって，見せ方や伝え方を工夫せねばなりません。語彙を増やし，発声や表現力を研鑽しても，話す相手の年齢や理解度などを配慮して，使い分けられなければ，発信力があるとはいえません。いろいろな相手に自分の意思を伝える技能を身につけましょう[8]。

⑧傾聴力＝相手の意見を丁寧に聞く力

　なんで自分の話を真摯に聞いてくれないのだろう，と不安や不満を覚えたことがありませんか？　説明を聞くように注意を促しても，いくら怒っても，聞く側の態度は改善することはありません。学校教育においては，教員は生徒の「心を耕し，気分を挙げる常時活動」[9]が大切だといわれますが，これは実社会においても同じではないでしょうか。話し手と聞き手の関係づくり，特にあなたが話し手である時，聞き手が傾聴の姿勢を示すように導くことが大切です。同時に聞き手であるときには，話し手に向き合い，話の腰を折ることなく，相手の意見を引き

出したり，要旨を確認したりする技能が大切です。

⑨柔軟性＝意見の違いや立場の違いを理解する力

　自分の意見に固執することなく，聞く耳をもち，多様な意見を受け入れる柔軟な姿勢が大切です。とはいえ，拒絶したら相手に失礼だと思い込んだり，嫌われたくないと恐れて，譲歩する方もいるでしょう。また，相手の強引な態度に妥協するのは癪に障ると思う方もいるでしょう。意見が対立した場合，自分の態度を明確に伝え，代替案を探ることが大切です。失礼がないように，気遣いの言葉を添えて，相手の人格を尊重しつつ対処できるようになりましょう。

⑩状況把握力＝自分と周囲の人々や物事との関係性を理解する力

　つまらない，興味が湧かないと思うこと，誰もが倦厭する地味なことを避けていませんか？　組織全体のことを考え，同じ組織の仲間や利害関係者への気配りを怠らず，その状況を知り，自分にできることを見つけ，行動することが大切です。同時に，目の前の相手ばかりでなく，物事の背景にある，目に見えない事象までも気持ちを巡らせてみてください。場合によっては，感謝の気持ちが湧いてくることでしょう。

⑪規律性＝社会のルールや人との約束を守る力

　実社会に出れば，仕事に期限はつきもので，しかも限られた予算の中でどのような段取りで進めていくか，判断が求められます。学生時代には責任感が乏しく，期日を超過することもあるでしょう。実社会では，時間を守ることが信用・信頼につながります。また，集団のルールに反する言動は禁物です。さらに，異議や不自由を感じる場合，鬱積した気持ちを抱えながら従順な態度を示すことも避けるべきです。率直に相談できる人間関係を築けるようになりましょう。

⑫ストレスコントロール力＝ストレスの発生源に対応する力

　ストレスがたまって，気持ちが不安定になったり，家族や友人などに対して攻撃的になったりしたことがありませんか？　満員の通学・通勤列車や，知らない人とのグループディスカッションなどの非日常的な行為は，ストレスの発生源となり，生体恒常性を崩す原因となりがちです。そんな時，休息（英語でRest）・リラクゼーション（英語でRelaxation）・レクリエーション（英語でRecreation）など，ストレスを軽減する対処法を，社会人になる前に心がけておくべきでしょう。極度のストレスにも耐えられる，タフな精神力を養うことも，職業によっては求められます。

（6）社会人基礎力（改良版・7つの能力）

ところで，社会人基礎力のチェックリストを用いた自己評価は1回やればそれで

終わりではありません。一年ごとか，数ヵ月ごとに継続的に行うことに意義があります。ただ，それを継続するために最も重要なことは，評価に対する納得性を確保することです。記入後の学生との面談では，甘い自己評価に対しては厳しい指摘をすることもあります。指摘された学生にとっては，より客観的な評価が欲しいところでしょう。

この点に関しては，2015年度の授業開始時より，民間業者が開発したPROG〔プログ〕テストの活用を検討しました。外部機関の評価により，学修成果の見える化（可視化）を図れば，妥当性・客観性・透明性・公正性などを確保できるかと思います。しかし，予算が伴うもので安易に導入が適〔かな〕いません。

そこで2016・17年度は，社会人基礎力のチェックリストを活用しつつ，PROGテストをはじめとする6種類の近似概念[10]を参考に，独自の指標を作成して評価することを試みました。その甲斐あって，2017年度から学内の理解を得て，すべての新入生が入学時にPROGテストを受検する体制が整いました。

PROGテストなどを参考に独自に改良を加えた社会人基礎力のチェック項目とは，次のとおりです。

〈問題を解決する能力，いわゆるリテラシー〉
　③と④は，経済産業省が定義する「考え抜く力」の能力要素と重複しますが，ここでは特出して自己評価することを優先しました。
　①情報収集力
　②情報分析力
　③課題発見力

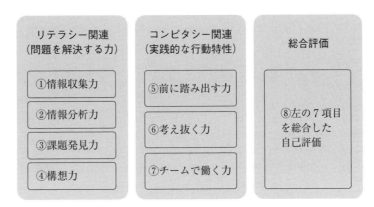

図2-7　社会人基礎力（改良版・7つの能力）
評価　選択式：質問項目毎に5段階評価
経済産業省の社会人基礎力および河合塾（1955年創業）とリアセック（2006年創業）が開発した「PROGテスト」の定義を参考にして著者が作成

④構想力

〈どんな業種・職種に就こうとも優れた成果を上げる能力で，いわゆるコンピタンシー〉

　＊従来の社会人基礎力（3つの能力と12の能力要素）のチェックシートと同様

⑤前に踏み出す力（3つの能力要素）

⑥考え抜く力（3つの能力要素）

⑦チームで働く力（6つの能力要素）

〈①〜⑦の7項目の総合評価〉

⑧総合評価

2．社会人基礎力を身につける

（1）コンテスト出場の動機

　著者が大妻女子大学で，短大生を対象にキャリア科目を担当し始めたのは2015年春でした。2007年度からスタートした「社会人基礎力育成グランプリ」はすでに8年目を迎えていましたが，それまで出場した学校は，ほとんどが四年制大学か大学院でした。ほかにもビジネスモデルを競うコンテストを，中央省庁や地方公共団体，民間企業，大学などが主催していますが，短大生が出場している実績は多く見かけません。

　そんな折に，京都市右京区にある京都光華女子大学（1939年設立）の短期大学部ライフデザイン学科の学生が，「学生提案型授業を通した高知県嶺北地域の活性化〜女子短大生にできること〜」と題した発表を行い，2014年12月に近畿地区予選大会で優秀賞を受賞し，2015年3月に全国大会で準大賞を受賞したことを知りました。同大学の短大生が，高知県でのインターンシップや地域交流をはじめ，野菜などの特産品を使った学食メニューの開発などに取り組んでいるとのことです。

　短大生でも，四年制大学や大学院の学生に臆することなく，自分たちの経験を堂々とプレゼンテーションできるということに衝撃を受けました。そして，修業年限が限られる短大生がいかに社会人基礎力を養ってきたか，その成果を人前で披露する，その心意気に共感し，たいへん嬉しく思いました。同時に，2年間の過ごし方次第では，著者の目の前にいる教え子たちも無限大の可能性があると確信しました。

　そして，この子たちにも，ぜひとも同じステージに立たせてあげたい，という思いが込み上げてきました。そのためには，四年制大学や大学院の学生たちと対等に評価されるだけの，しっかりとした社会人基礎力を身につけさせてあげねばならないと，その職責の重さを自覚しました。

　2015 年度に著者が担当したのは，選択科目「キャリアデザイン I」の 1 科目でした。前期のみの授業でしたから，夏期休暇を前にした履修生から，「このままでは就職活動が不安なので，引き続き後期もキャリアについて学びたい」「単位が無くても構わないので指導してほしい」などの要望が多く寄せられました。そこで，秋以降は個別に進路相談などに応じました。就職活動の悩みだけでなく，奨学金返済[11] やアルバイトの状況，家庭環境など，教室での対話だけではうかがい知れなかった，彼女たちの学修実態や生活実態に踏み込んだ話が徐々に増えていきました。

　そして 2016 年春，「キャリアデザイン I」の履修生の 11 人が集い，「大妻女子大学キャリアデザイン研究会」という学生サークルを起ち上げることとなりました。当時，非常勤講師の身だった著者には，学生全員が集うことができる部室を用意してあげる力はありません。心ある教職員の皆さんの力添えを得て，空き教室や食堂などで活動を始めました。来る日も来る日も相談事ばかりですが，親身になって，18 歳や 19 歳の彼女たちに向き合いました。

　そして，2016 年夏，「キャリアデザイン I」の履修生の内，新たに 22 人がサークルに加わることとなり，いよいよ本格的に社会人基礎力を鍛えるプログラムを始めることとなりました。

　当初は新規事業のビジネスプランやプレゼンテーションのスライド資料などを作るのも大変だろうと想定していました。ところが，市場調査や講演会の企画・運営を行う彼女たちのやる気で漲（みなぎ）る姿を見ているうちに，折角だから目に見える成果物を彼女たちの手で生み出す，そんな成功体験を味わせてあげたいと思うようになりました。

　とはいえ，経験も実績も無い女子大生たちのために課題を提供して，その課題解決へ向けて一緒に発想・思考・検証を重ねてくださるパートナーとなる，民間企業や地方公共団体などの当てはありません。徒手空拳（としゅくうけん）を放つように，自力でのパートナー探しからスタートしました。教育者としての熱意を伝えるばかりの営業活動です。

　そして運良く，創業 100 年を超える，製造業を営む老舗企業からご協力の快諾を得て，2016 年秋以降，第 3 章で紹介するような，産学連携型の PBL（課題解決型学習）に取り組むことができるようになりました。

　パートナー企業の担当者は毎回，学生との打合せの 1 時間前に，大妻女子大学の

キャンパスまで足を運んでくださり，これまでの「キャリアデザインⅠ」などの学修内容とズレがないように，PBL（課題解決型学習）の進行管理などに関して入念な準備を著者やサークルの代表者と行ってくださいました。

　こうした事業を推進するための事前打合せや段取り，その配慮までをも含めたパートナー企業の意識や姿勢が，学生にとっては学びの対象となります。通常の講義では伝えきることができない体験です。社会的に信用・信頼を得る人物が備える態度や矜持（きょうじ）というものは，大学のキャンパスにおいても大人自らが行動し，学生にはその背中を見て学んでもらうことしかないと著者は考えます。講義の学びだけでは限界があります。

（2）コンテスト出場のねらい

　PBL（課題解決型学習）を始めるにあたり，学生たちの学修成果を測る指標として，社会人基礎力（3つの能力と12の能力要素）などを参考に用いることを決めました。そもそも，社会人基礎力を導入しようと思いついたのには，前述したようなコンテストで健闘する短大生の姿がきっかけとなりましたが，本格的に導入しようと考えた，そのねらいは次の4つでした。

①授業か否かを問わず，また勤務時間か否かを問わず，生涯学び続ける姿勢を身につけてほしい（社会人基礎力の能力開発を通じて，自己研鑽（さん）に励むなど）[12]。
②将来へ向けてキャリア意識を高め，就職活動や資金計画などの不安を払拭（ふっしょく）してほしい。
③専攻が異なる学生や社会人との交流をとおして，コミュニケーション能力を磨いてほしい。
④社会人を疑似経験することで，マネジメント感覚をトレーニングし，ホスピタリティ精神の本質に触れてほしい。

　また，PBL（課題解決型学習）に取り組む学生たちのモチベーションを維持・向上させるために，まず考えたのは，身近なロールモデルを育てることでした。

　高等学校を卒業したばかりの，20歳にも満たない若者たちに，「わずか2年間でも，この大学へ来て，本当に良かった」，そう思ってもらえるように送り出したいという気持ちでいっぱいになりました。

　彼女たちは卒業後，20代に始まり，人生100年時代を歩んでいきます。素晴らしい人脈や経験に恵まれることでしょう。でも，いつでも思いどおりの理想的な人生とは限りません。ものの捉え方ひとつでチャンスを失うこともあります。考え方次

第で未来が変わる，そんなことも「社会人基礎力育成グランプリ」などのコンテストへの出場機会を得て，体感してほしいと願いました。実際に出場した学生たちは，「まさか自分たちが，四年制大学と同じ舞台に立てるとは思わなかった」「年上の人が出場するコンテストで，まさか勝てるとは思わなかった」などと声を弾ませて語ります。

（3）コンテスト出場へ向けた取り組み

　正課外活動である大妻女子大学キャリアデザイン研究会への入会条件としては，①「キャリアデザインⅠ」を履修していること，②全体活動（半年間で計14回予定）に9割以上出席すること，③サークル内のマナーを遵守すること等がありました。

　2016年度は，鞄メーカーの傳濱野（1880年創業）と新商品の開発・販売（鞄づくり）に取り組み，2017・18年度は，洋菓子メーカーのコロンバン（1915年創業）と新商品の開発・販売（洋菓子づくり）に取り組みました。

　この過程では，「キャリアデザインⅠ」で教えたSWOT分析などのフレームワークや知識構成型ジグソー法などの学習法などを活用してグループワークを進行しつつ，ほかの科目で得た一般教養や専門知識[13]，あるいは授業以外のアルバイト等の経験などもフル活用するよう指導しました。それでも足らなければ，自主的に新たな知識・技能を学ぶようサポートしました。たとえば，調査票（アンケート用紙）の作成や予備調査などの社会調査手法，k平均法などのデータ解析手法などを，適宜取り入れ展開していきました。

　そして，PBL（課題解決型学習）の進捗状況を見極める場として，また参加する学生一人ひとりの社会人基礎力の習熟状況をモニタリングする（プレゼンテーショ

図2-8　授業中に学生がプレゼンテーションをする様子（2019年度前期）

ン能力の腕試しをする）機会として，外部有識者数名を招いたプレゼン発表会を企画したり，麹町法人会（1950年設立，東京都千代田区）主催のビジネスコンテストへ出場してきました。

　著者が担当する「キャリアデザインⅠ」は，開講5年目の2019年度からは必修科目となり，履修生は416人と拡大しました[14]。1クラス100人前後で編成されていますが，授業では5人前後のグループに細分化し，ディスカッションやプレゼンテーションなどを行う機会を多く設けました。2019年度の場合，4クラスで合計88チームに分かれて，図2-8や図2-9のように研鑽を積みました。

　また，2019年度からは著者が担当するキャリア教育関連の教科として，後期に選択科目「キャリアデザインⅡ」と選択科目「キャリア・デベロプメント・プログラムⅠ」が新設されました。これまで大妻女子大学キャリアデザイン研究会が取り組んできた産学連携型のPBL（課題解決型学習）の実績を踏まえ，正課授業に取り入れることを試みました。

　2019年度の「キャリアデザインⅡ」では，リーガロイヤルホテル東京（創業1994年）と京料理店のたん熊北店（創業1928年）の協力を得て，新商品開発（点心づくり）に挑戦しました。また「キャリア・デベロプメント・プログラムⅠ」では，経済産業省の協力を得てRESAS（地域経済分析システム）を活用した，インバウンド向け観光地図づくりを試みました。

　これらの授業においても，少人数のグループに分かれて取り組み，それぞれが独自のアプローチを試み，ユニークな成果物ができあがりました。そして，外部有識者数名を招いたプレゼン発表会を受講者全員が参加して行い，「社会人基礎力育成グランプリ」へは代表者が出場しました。

（4）プレゼンテーションの心構え

　チームでプレゼンテーションを行う場合，社会人基礎力（3つの能力と12の能力要素）のすべてが求められます。企画の提案となると，発信力を注視しがちですが，提案に至るまでのプロセスを体現する場がプレゼンテーションであるといえます。

　実務上のプレゼンテーションと異なり，コンテストであるからっといって，手を抜いてはいけません。服装もインターンシップへ行くのと同様に，目上の審査員や聴衆を気にして，オフィス・カジュアルかリクルートスーツを身にまとい，スッキリした，シンプルな容姿で発表するのが望ましいでしょう。授業で練習した時とは違い，服装が異なると，背筋も伸び，声に張りが出て，より社会人に近い臨場感のあるプレゼンテーションを経験することができます。そのうえ，自信にもつながり

図2-9　外部有識者を招いたプレゼン発表会の様子（2019年度後期）
左はオフィス・カジュアルを，右はリクルートスーツを着用

ます（第7章 pp.132-135 参照）。

　授業といえでも，ディスカッションやプレゼンテーションで戸惑う学生は意外に多いものです。これまで親しく会話する機会の無かった，専攻が異なる学生へのアプローチの仕方や間合いのとり方に苦労するようです。でも，いざ始めてみると，最初はハラハラドキドキしたものの，相手の意見に刺激を受け，課題解決へ向けて夢中になるようです。そして，その成果を発表するプレゼンテーションとなると，経験を重ねるごとに学びが深まるのを実感しているようです。

　多くの学生が，「今まで経験したことのない達成感だった」と述べます。見えない山を踏破したような，その感覚こそ，社会人になる前にできるだけ多く，経験してほしいものです。「無理です」「無駄です」と決めつけずに，まずはやってみる。その先にまた，新たな目標や経験が皆さんを待ち受けていることでしょう。

（5）プレゼンテーションの段取り

　プレゼンテーションを控えた学生たちを前に，著者は決まって次の質問をします。
　「聴衆の心が揺さぶられ，記憶に残るプレゼンと，そうでないプレゼンとは，いったい何が違うでしょうか？」

　オープニングとともに映し出されるタイトルの文字やデザインに，聴衆は想像力を掻き立てられます。緊張感で張り詰めた空気の中，開口一番のインパクトのある言葉で聴衆の心をつかみ，続く人間味のあるユニークな言葉で場の雰囲気は和みます。そして聴衆が続きを聞きたいという前のめりの気持ちへと導きます。飽きさせること無く，期待に応える充実した内容が必要です。そして最後に，インパクトのある言葉や画像でエンディングを迎えます。再び静まりかえったところで，聴衆は余韻に浸ります。短時間でありながらも，こうした演出や効果を生み出すためには，周到な準備が欠かせません。

　聴衆へ伝えたい意思や情報を，わかりやすく，それでいて美しい言葉で端的に表

現し，受け取った相手がすぐ反応するようでなければなりません。プレゼンテーションで何を主張したいのか，そのメッセージの内容や熱意がなにより大切なのですが，ここでは，それらが整ったことを前提に，直前に確認すべき点，そして日頃からトレーニングすべき点について，それぞれのポイントを整理しておきたいと思います。

〈事前に確認すべき点〉

①プレゼンテーションの目的：どんな意思や情報を伝達したいのか？　その点をきっちりと押さえておかないといけません。さもないと，受け取る側は，何を言いたいのか，どうしたらよいのか，皆目わからず途方に暮れます。

②聴衆の分析：誰にもっとも伝えたいのか？　理解してほしい相手は誰か？　聴衆の男女比・年代・職業などを把握して，セグメントを絞り込むことが大切です。また，どの程度まで認知されているのか？　導入部での自己紹介の必要性に関わってきます。

③時間配分：オープニングの60秒から90秒をいかに展開するかで，聴衆の第一印象は変わってきます。また，伝達したい意思や情報にどれほどの時間を割くか？　さらに，エンディングをどのようにまとめ，「続きをもっと聞いてみたい」と思わせるか？　ストーリー展開（筋立て）と時間管理を丹念に組み立てましょう。

④資料の有無：事前に資料を頒布すれば，聴衆の視線は手元にいってしまいます。補足資料であるならば，プレゼンテーションの過程で，意図的に資料に言及すべきでしょう。あるいは後刻ご一読いただきたい旨を断って，資料の意図を説明する程度にとどめるべきでしょう。闇雲にプレゼンテーションと同じ内容の資料を配付するのは避けるべきです。またそうであっても，終了後に頒布するのが適切でしょう。

⑤会場の確認：慣れない会場でプレゼンテーションを行う場合は，できれば事前に下見をして，ホールや教室，会議室などの雰囲気を把握しておくことが肝要です。舞台の配置，演台の有無，立ち位置，音響の加減などを確認したいものです。これらに意を払わないと効果半減です。特に，ハンドマイクの場合は片手が塞がることになり，動きが制約されることになります。また，パソコンを持ち込む場合は，電源を確保し，接続状況が不安定でないか確認することが望まれます。さらに，手元や画面の照明の加減もチェックしましょう。画面の色味やポインターの色（赤か緑か）などを調整できるとよいでしょう。不測の事態に備え，当日，気持ちに余裕をもって臨めるよう，事前の下見をお勧めしま

す。

〈直前に確認すべき点〉

①会場の雰囲気を身体で感じる：聴衆が着席した会場に，下見の時と違った印象を受けるかもしれません。時間に余裕をもって会場入りして，イメージ・トレーニングをする等，気持ちを落ち着かせましょう。

②キーパーソンの存在を確認する：ステージに立った時，審査員やお世話になった方々の着席位置を確認しましょう。スクリーンが見やすいかどうか，立ち位置なども頭に入れておきましょう。

③会場の最終チェック：スライドが正常に起動するか，文字化けしていないか等，動作を確認しましょう。画面切り替えのタイミングが，機器の不良や回線ノイズなどが原因で思うように動かない可能性もあります。

④時間管理：もっとも避けたいミスは時間オーバーです。緊張などのストレスが原因となり，想定した時間配分どおりにいかず，与えられた時間の中に収まらないことがありえます。大妻女子大学の授業では，慣れない学生が多い場合は，時間オーバーを許容しています。でも，場数を踏んで，時間感覚を身につけることは大切です。

⑤スライドに優先順位をつけておく：中途半端になっては，伝達したい意見や情報が届かずに終わってしまいます。聴衆の記憶に残るためにも，「これを一番伝えたい」とメッセージがわかるスライドを2・3枚，予め決めておきましょう。時間が押した時は，臨機応変に対応できるよう，準備しておきましょう。

〈日頃からトレーニングすべき点〉

①発声・発音を意識する：NHK（日本放送協会の略記，1924年設立）のアナウン

図2-10　千代田区麹町法人会主催のビジネスコンテストで優勝（2018年9月）
経営者100人以上を前に，大妻女子大学短期大学部の学生が堂々と発表

ス技術を参考に，1分間に300字前後の原稿量を，抑揚をつけて話すよう，著者は学生たちに指導しています。「キャリアデザインⅠ」などの授業では，著者自身もこのスピードを心がけています。また，スマートフォンなどで自分の音声を録音し，発声・発音の欠点や話し方の癖などを確認するよう勧めています。意外に早口であること，語尾が長い，声が籠もりやすい，滑舌が悪い等，普段は気づかない自分を知って，多くの学生が驚きます。

②聴衆に与える印象を意識する：家族や友人，あるいは先輩や社会人などの協力を得て，自分がプレゼンテーションをしている様子を観てもらいましょう。他者の目を通じて自己を見つめ直す，いわゆる他己分析を繰り返すことで，改善できることが多々あります。

さて，ここまで読み進められた皆さんは，どのような印象をもたれたでしょうか。社会人基礎力を自己点検するチェックシート，新商品を開発・販売までする実体験，そして自身の成長をアピールするプレゼンテーションなど。高等学校を卒業したばかりの若者を前にして，著者は自分の職責を痛感します。そして2年後，大きく成長した彼女たちに驚きます。四年制大学や大学院の学生，あるいは経営者の前で堂々とプレゼンテーションをして，自分がどれだけ成長できたか，社会人基礎力を実装できているか，胸を張る姿に晴れ晴れとした気持ちになります。努力は裏切りません。限られた時間の中でも，心がけ次第で成長できるのです。

■註

1：経済産業省・中小企業庁（2018）：p.4.

2：経済産業省・中小企業庁（2018）：p.34.

3：経済産業省・中小企業庁（2018）：p.35.

4：米国コンサルティング会社の Lominger International（当時）の Michael M. Lombardo 氏と Robert W. Eichinger 氏が，約200人の経営者への調査により，キャリア構築で重要なのは①経験（英語で Challenging assignments），②薫陶（英語で Developmental relation-ships），③研修（英語で Coursework and Training）で，その比率は7：2：1だと1996年に発表しました。20年以上経った今日では異論もあるようですが，企業・団体のマネジメント能力をはじめ，リーダーシップやフォロワーシップ（英語で Followership，企業・団体の目的達成へ向けリーダーを補佐する能力）などのトレーニングにおいて，日本でよく引用される知見です。

5：経済産業省は，2005～2006年に有識者による「社会人基礎力に関する研究会」（座長：法政大学名誉教授・諏訪康雄氏（1947年～））が検討を行い，①読み・書きなどの基礎学力，②職業知識・資格などの専門知識に加えて，③企業・団体や地域社会で活躍をするうえで必要になる第3の能力として社会人基礎力を定義しました。

6：経済産業省は，2017～2018年に有識者による「我が国産業における人材力強化に向けた研究会（人材力研究会）」（座長：学習院大学名誉教授・今野浩一郎氏（1946年～））が検討

を行い，従来の社会人基礎力に3つの視点を加え，「人生100年時代の社会人基礎力」として再定義しました。能力を発揮するに当たって，自己を認識して内省（リフレクション）しながら，「目的（どう活躍するか）」「学び（何を学びか）」「統合（どのように学ぶか）」から成る3つの視点のバランスを図ることが，自らキャリアを切り拓くうえで必要と位置づけました。

7：小・中学校や高等学校での学びは「学習」であって，大学・大学院などの高等教育での学びは「学修」と表現されます。

　2012年に中央教育審議会の答申『新たな未来を築くための大学教育の質的転換に向けて～生涯学び続け，主体的に考える力を育成する大学～』が提出され，「大学設置基準上，大学での学びは「学修」としている。これは，大学での学びの本質は，講義，演習，実験，実習，実技等の授業時間とともに，授業のための事前の準備，事後の展開などの主体的な学びに要する時間を内在した「単位制」により形成されていることによる」と明記しています。

　なお，ノートの書き方やメモの取り方などは，学習においては先生（常勤の教諭と非常勤の講師）が指導してくれるでしょうが，学修では先生（大学教員）は指導するとは限りません。先生などの他人の話を聞く態度（傾聴）といった基本的な学ぶ姿勢は，高等学校を卒業するまでに身につけておきましょう。

8：大学生や社会人向けの話し方教室では，発声・発音，自己PR，スピーチの仕方，プレゼンテーションの仕方などを学べます。在京のテレビ放送局が運営するNHK放送研修センター，日テレ学院，テレビ朝日アスク，TBSVoice，フジテレビアナトレなどがあります。

　日本国憲法（1946年11月3日公布，1947年5月3日施行）に言論・表現・出版の自由を保障すると明記されたものの，占領解除がなされた1952年4月28日（サンフランシスコ講和条約発効）まで統制・弾圧は続きました。その後，テレビ番組や雑誌などのマスメディアが隆盛し，話し方教室も普及してきました。その草分け的存在としては，郵政省（現在の総務省など）出身の江川ひろし（1929～2003年）の日本話し方センター（1953年創業）や，江木武彦（1910～1998）の言論科学研究所（1949年創業）などがあります。

9：溝上慎一（2018）：pp.35/37．なお，常時活動とは，学校教育において「授業の（冒頭）の短い時間で繰り返し同じ活動を行い，1～数ヵ月間単位で生徒の態度や能力を育てていく活動のこと」を指します。

10：①経済産業省の社会人基礎力，②中央教育審議会の「学士力」と「基礎的・汎用的能力」，③OECD-DeSeCoプロジェクトの「キー・コンピテンシー」，④河合塾・リアセックの「ジェネリックスキル」，⑤リクルートワークス研究所の「基礎力」，および⑥ビジネス実務学会（2009，2010，2011）が定義した「ビジネス実務汎用能力（基礎的汎用能力）」。なお，OECD（2018）は「変革を起こすコンピテンシー」を追加し，また中央教育審議会（2018）は「2040年に必要とされる人材」に必要とされる資質や能力として，「数理・データサイエンス等の基礎的素養を持ち，正しく大量のデータを扱い，新たな価値を創造する能力」を明記しています。

11：短大生の実情を統計数値で確認すると，奨学金受給者の増加と，短期大学卒業後3年以内の離職率が慢性的に高いことが懸念されます。

　日本学生支援機構（2004年設立）が2018年3月に発表した「平成28年度学生生活調査結果」によると，短期大学（昼間部）の奨学金受給率は，2010・12・14・16年度に5割強で推移しています。また，厚生労働省が2019年10月に発表した「学卒就職者の在職期間別離職率の推移」によると，短期大学卒業後3年以内の離職状況は，1996年3月から20年間にわたり4割前後で推移しています。

12：京都大学（1897年設立）高等教育研究開発推進センター元教授の溝上慎一氏（現・桐蔭学園理事長，1970年〜）は，「正課・正課外のバランスのとれた活動が高い成果を示す」として，「授業外学習や読書を促す授業デザイン」や「キャリア教育と正課教育との有機的な連携」を示唆しました（溝上慎一・2009）。また，異なる文脈の学習の間の関係を組織化することをラーニング・ブリッジングと概念規定しました（河井亨・溝上慎一・2011）。

　　立命館大学（1900年設立）教育開発推進機構講師の河井亨氏（現・同大学スポーツ健康科学部准教授，1985年〜）は，「学習者が授業外での活動と授業のように複数の異なる活動の間で移動・往還しながら，それぞれにおける学習を結合・統合してゆくこと」と説明しました（河井亨・2014）。また，正課・正課外教育の統合による効果について，正課よりも正課外で協調性，チャレンジ精神，およびリーダーシップに関する力が付いたと分析しています（河井亨・2015）。

13：著者が担当する科目は2017年度以降，「キャリアデザインＩ」のほかに，「秘書学概論」も加わりました。

14：大妻女子大学短期大学部の選択科目「キャリアデザインＩ」の履修生は，2015年度243人，2016年度159人，2017年度163人，2018年度217人と推移し，2019年度からは必修科目となり419人と増えました。

■引用・参考文献

OECD（2018）Education2030プロジェクト『The Future of Education and Skills Education 2030』（2018年2月16日）報告

河井亨（2014）『大学生の学習ダイナミクス―授業内外のラーニング・ブリッジング』東信堂：p.138.

河井亨（2015）「正課外教育における学生の学びと成長」『大学時報』2015年9月号：pp.34-41.

河井亨・溝上慎一（2011）「実践コミュニティに足場を置いたラーニング・ブリッジング―実践コミュニティと授業を架橋する学生の学習研究―」『大学教育学会誌』33（2）：p.124.

経済産業省（2010）「大学生の「社会人観」の把握と「社会人基礎力」の認知度向上実証に関する調査」（2010年6月）

経済産業省，河合塾（制作・調査／発行）（2010）『社会人基礎力　育成の手引き―日本の将来を託す若者を育てるために』朝日新聞出版

経済産業省・中小企業庁（2018）「「我が国産業における人材力強化に向けた研究会」（人材力研究会）報告書」（2018年3月）

中央教育審議会（2018）『2040年に向けた高等教育のグランドデザイン（答申）』（2018年11月26日）：pp.3-5/42.

キャロル・Ｓ・ドゥエック，今西康子（訳）（2016）『マインドセット　「やればできる！」の研究』草思社

溝上慎一（2009）「「大学生活の過し方」から見た学生の学びと成長の検討―正課・正課外のバランスのとれた活動が高い成長を示す―」『京都大学高等教育研究』15：p.116.

溝上慎一（2018）『アクティブラーニング型授業の基本形と生徒の身体性』東信堂

三宅なほみ・東京大学CoREF・河合塾（編著）（2016）『協調学習とは―対話を通して理解を深めるアクティブラーニング型授業―』北大路書房

リアセックキャリア総合研究所（監修）PROG白書プロジェクト（編著）（2018）『PROG白書2018　企業が採用した学生の基礎力とPROG研究論文集』学事出版

Michael M. Lombardo, Robert W. Eichinger（2010）『Career Architect Development Planner, 5th Edition』Lominger

第 2 章のポイント◆

- 自分を取り巻く環境を分析するとともに，「あらゆる環境下においても，自らの能力を最大限発揮するための」社会人基礎力の育成が求められます。
- 経済産業省は，2006 年に 3 つの能力と 12 の能力要素から成る社会人基礎力を提唱し，2018 年には 3 つの視点（目的，学び，および統合）を加えた「人生 100 年時代の社会人基礎力」として再定義しました。
- 自身の社会人基礎力がどれだけ成長したかを確認する手段として，社会人基礎力コンテストへの出場や PROG テスト受検などがあります。

- 簡便な方法としては，チェックシートを活用した定期的な自己評価と目標管理がお奨めです。また，社会人基礎力を短時間で表現する手段としてプレゼンテーションの能力を鍛錬することも望ましいでしょう。

第3章

イノベーション
女子大生が商品開発・販売に挑戦

キーワード：PBL（課題解決型学習），創造性とイノベーション，内省（リフレクション）

1．パートナー企業選びのこだわり＝ものづくり×老舗

　　PBL（課題解決型学習）のパートナー選びに際して，女子大生のキャリア構築を支援する立場の著者としては，こだわり続けた条件が当初からありました。それは，ものづくりと老舗企業であることでした。

　「ものづくり」というと，何を連想されるでしょうか？　シルクロードから伝来した品々を精巧（せいこう）に模して作られた正倉院の宝物（ほうもつ）や，ジャポニズムやアールヌーボーなどの思潮に影響を与えた浮世絵師や金工（きんこう）の手の技などのような，優れた工芸品でしょうか？　あるいはメイド・イン・ジャパン（英語でMade in Japan）を象徴する自動車や家電製品，時計などの工業製品でしょうか？　繊細・精緻（せいち）な技巧を駆使して生み出される品々は，観賞したり所有したりすることで得られる骨董（こっとう）的な満足感とともに，実用品として優れた機能性を持ち合わせているものが多くあります。

　世界最大の経営コンサルティング会社のアクセンチュア（Accenture PLC，1989年創業）の2人のシニア・マネジング・ディレクターが書いた著書『ものづくり「超」革命』によると，「自社が提供し得る社会価値を常に再定義し，モノへ具現化すること」がこれからは重要だと言います。そして同時に，「日本の企業に必要なことは，設立時のビジョンやミッションに立ち返り，社会に対してどのような価値を提供することが求められているのかを徹底的に考え続けること。それを実現するには，自社がつくるモノの価値を最大限高めるにはどうしたらいいのかを問い続けることだ」[1]と檄を飛ばします。

　女子大生には，ものづくりに携わることによって，パートナー企業が創業以来大切にしてきた社会に対する価値，換言すれば存在理由（フランス語でRaison d'être）に触れてほしいと願います。

　そして，もうひとつ著者がこだわったのは老舗企業であることです。老舗には，

①長年培われた信用・信頼，②それを支える人的資産（従業員），③経営ノウハウ，さらに④安定した顧客（得意先）や仕入先などのステークホルダーとのつながりなどがあります。

　帝国データバンク（1900 年創業）が 2009 年に発行した書籍『百年続く企業の条件　老舗は変化を恐れない』によると，1912 年以前に創業した老舗企業 814 社に「大事なことを漢字 1 字で表現すると」というアンケート調査を行ったところ，信（信用・信頼），誠（誠実・誠意），継（継承・継続），心（真心・良心），真（真摯・真理）などの回答が多かったようです。また，「創業以来のピンチをどのように乗り越えたか」という調査では，「商売を運で片づけてはいけないが，『徳』があったのだと思う」などの回答が目を引いたと解説しています[2]。

　女子大生には，そんな老舗企業との交流をとおして，人から信用・信頼される，徳のある存在はいかなるものか，またそこで働く人たちの気遣いはどんなものか，その気風に触れてほしいと願います。

　まだ面識もない経営者の方々に，こちらが考えるねらいとともに，学生たちの社会人基礎力の自己評価の結果（第 2 章で紹介したチェックシートに基づき明記された目標値や達成手段）などを説明したところ，賛同・協力いただけると快諾を得ることができました。そして，長い月日をかけて，どうにか商品開発や販売に漕ぎ着けることができました。2016 年度には傳濱野（1880 年創業）と鞄づくりを，2017・18 年度にはコロンバン（1915 年創業）と洋菓子づくりを，そして 2019 年度にはたん熊北店（1928 年創業）らと点心づくりを実現できました。いずれも創業 100 年前後の，ものづくりを続ける老舗企業です。

　本章では，それぞれどのようなプロセスを経て商品開発・販売が実現したのか，そして女子大生たちがどのように社会人基礎力を体得し，キャリア構築に結びついていったのかを述べていきます。

2. 傳濱野と「働く女性の理想の鞄づくり」（2016 年度）

（1）フィールドワーク（2016 年 8 ～ 9 月）

　2016 年 8 月，就職支援も終盤になった短大 2 年生は，新たにサークルに入会した 1 年生とともに，取り組む課題を「働く女性の理想の鞄づくり」と設定して，鞄メーカーのフィールド調査を始めました。

　どんな鞄が流通しているのか，「キャリアデザイン I」で学んだ業界分析やマーケティングの手法を用いて調査をしました。まずは，販売店舗に足を運んでディス

図3-1　楽しみながらポジショニングマップを作成する学生たち（2016年9月）

プレイ，商品コンセプト，機能性などを確認し，続いて，購買行動などの深層心理を解明すべく，買い物客に対して選択肢を示さない，非指示的（英語でNon-Directive）面接調査を行いました。インタビューは，ほとんどの学生が初めての経験で，調査票に記載された質問文を口頭で伝え，自由に回答してもらう形式を採用しました。社会人との対話がたいへん勉強になったと，後日行った内省（リフレクション）で感想を述べています。

　学生たちは約20社でフィールドワークを行い，20代から40代の女性（学生および社会人）計109人への面接調査の結果を得ることができました。調査対象者数は自ずと限られるものでしたが，事前に質問項目を精査し，調査技術をトレーニングしたこともあり，実に具体的で有意義なものとなりました。

　個々の調査結果を全員で共有し，分類・整理すべく，ポジショニングマップを作成したところ，「働く女性の理想の鞄」に関する商品コンセプトとして，次の6点に絞られました。

　　①大きさ＝A4サイズの書類が入る
　　②重量＝800g以内
　　③色＝黒，ベージュ，グレーなど（どんなアイテムとも調和がとれる）
　　④ブランド名の表記＝どんな取引先と面会した時も控え目である
　　⑤ハンドルの長さ＝肩にも掛けられる長さがある
　　⑥素材＝良質な革製，底部に鋲が付いている
　　⑦内部＝スマートフォンなどの小物を入れる仕切りがある

　そのほか，「機能性も大切だけど，男性のビジネスバックとは違い，上質な皮革で，エレガントなフォルムが欲しい」などのというニーズも寄せられました。また，各社店舗の販売員にもインタビューを行ったところ，数社から「母から娘に引

き継がれているブランド」であることを聞き取り，学生たちは非常に共感をもちました。祖母の代から買い求め，母も娘も贔屓（ひいき）にしてくれる顧客がいること，またそのような鞄メーカーが存在することに，学生たちは感銘を受けました。

（2）講演会の企画・運営＝鞄を使う立場を学ぶ（2016年10月）

　2016年10月，大妻女子大学（1908年設立）の学園祭（大妻祭）にサークルとして参加することを決め，キャリア教育に関する講演会を学生たちが企画・運営することとなりました。

　講演依頼したゲストは，転職エージェント（営業）の森本千賀子氏（1970年〜）です。森本氏は，リクルートエグゼクティブエージェント（2001年創業）に所属し，大手からベンチャーまで幅広い企業が求める人材の採用をコーディネートし，同社内の累積売上で歴代トップの実績がある方です（2017年10月，独立）。著書に『社会人1年目の働き方』などがあり，NHK番組「プロフェッショナルの流儀」に出演される等，その言動が注目されています。

　きっかけは，森本氏の働き方・生き方について，前期の「キャリアデザインI」の中で著者が紹介したことでした。学生たちの記憶に焼きついていたようで，ぜひ講演会を企画したいという話になったのでした。森本氏は，2児を出産・子育てする母の顔と，転職エージェント（営業）としてバリバリ仕事をこなすキャリアウーマンの顔を併せもっています。そこで，講演のテーマは女性のキャリア構築とワーク・ライフ・バランスとしました。そして，森本氏に学生たちの熱意を伝えたところ，協力を快諾してくださいました。

　学生たちは役割を分担して，ポスターや宣伝ビラを作成し，キャンパス内で頒布（はんぷ）し，当日の運営（看板などの会場設営，講師の送迎，来客の誘導など）を行いました。当初は著者が伴走して，細かな助言をしましたが，途中から学生たちが主体的に動き始めました。

図3-2　講演会の事前告知のポスターと講演当日の様子（2016年10月）

　大妻祭当日は，現役学生のみならず，男子学生，娘の代わりに聴きにいらした保護者，社会人など，沢山の来場者で会場があふれました。主催したサークルの学生たちは，森本氏に対面するまでドキドキした様子でしたが，講演会終了後には森本氏の人柄もあって親しく対話でき，働き方だけでなく人間性までも学ぶことができたようでした。

　後日，サークルの学生たちに講演会を企画・運営して学んだこと等の内省（リフレクション）を目的としたアンケート調査を行いました。いくつか聞かれた声を記すと，次のとおりです。

- 「コツコツと続けた努力が1年後の自分を変える」「迷った時は前向きな選択をすること」という森本さんの言葉が心に残り，ご自身が立証なさっていることに感動しました。
- 社会で活躍する女性たちは，男性と同じイメージで働いていると思っていましたが，女性ならではの感性や価値観を活かして働いていることを知りました。
- 「時間が無い」ではなく，自分の行動次第で時間をつくり，やりたいこともできる，生活まで変えることができることを学ばせていただきました。

（3）新しいアイデアで終るか，イノベーションまで達成するか

　大妻祭の講演会を成功裏に終え，その実体験からチームで働く力などの社会人基礎力を養うことの面白さに，学生たちは目覚めました。そして，興奮冷めやらぬうちに，鞄づくりのビジネスプランやプレゼンテーション資料作成にとりかかりました。額を寄せ合い，懸命に努力する彼女たちの姿を見て，第2章（p.43）で述べたとおり，なんとか鞄のアイデアを形にしてくれる企業はないものかと著者は考え始めました。

　多くの日本人は，創造性（英語でCreativity）とイノベーションを同じ意味合いで用いていると，早稲田大学（1882年設立）大学院経営管理研究科教授の入山章栄氏（1972年〜）は，その著書『ビジネススクールでは学べない　世界最先端の経営学』で指摘します。それらを区別する研究が欧米諸国の経営学で近年増えていると紹介しつつ，「アイデアは「実現（Implement）」されて，初めて周囲からイノベーティブと評価される可能性が出てきます。すなわち，創造性とはあくまでイノベーションをゴールとするプロセスの通過点にすぎず，イノベーションという成果を得るには，まず，アイデアが「実現」される必要がある」と喝破されます[4]。

　文面どおりに解釈すれば，アイデアを出しただけでは創造性を発揮したまでで，それはイノベーションとはいえません。トライ・アンド・エラーで試作・修正・検

討を繰り返し，アイデアをまったく新しい製品として形にする。しかも，それを実際に販売する段階まで漕ぎ着ける。そして市場から評価されるまで，責任をもってやり遂げて，初めてイノベーションといえるのです。

　翻って，著者の教え子たちが必死に格闘しているのは，新しいアイデアを出すだけでしょうか，それともイノベーションでしょうか？　目標を高く設定して，ぜひともイノベーションを体験してほしい，そう思うようになりました。

　そこで急遽，著者はパートナー企業を探すこととなりました。幸いにも，学生たちの思いを受け止めてくださる企業が見つかりました。それは，傳濱野（本社：東京都渋谷区）。1880年創業で，100年以上にわたり母から娘へと受け継がれる鞄を作り続けている，しかも皇室御用達の鞄メーカーでした。これが，一連の産学連携の始まりでした。

（4）老舗百貨店で研修会＝鞄を売る立場を学ぶ（2017年2月）

　学生たちが検討を重ねた商品コンセプトを元に，パートナー企業となっていただいた傳濱野では試作品の作製にとりかかりました。その間の2017年2月，日本橋三越本店（1673年創業）を訪問して，学生たちは接客サービスなどに関する研修を受けさせていただきました。

　1904年に呉服店から日本初の百貨店として業態変化してからイノベーションを続ける日本橋三越本店については，前期の「キャリアデザインⅠ」でホスピタリティ精神の事例として取り上げてきたこともあり，学生たちの期待はとても大きいものでした（第6章参照）。

　三越日本橋本店では顧客のあらゆる相談事に対応するストアコンシェルジュが多数配置されていますが，殊に三越日本橋本店では「女将」と呼ばれ，重責を担う近藤紀代子氏（1980年入社）をはじめ，若手の「若女将」から直接，心のこもった接

図3-3　日本橋三越本店での研修の様子（2017年2月）

遇のあり方などを学びました。顧客へのおもてなしと心が通ったおつきあいの仕方や，日本橋で働く異業種の方々とのつながりを大事にする働き方について，実例を交えた当事者の言葉に，学生たちは感動しました。

　また，呉服売り場では，呉服（絹織物）と太物（綿織物・麻織物）の現物を拝見するとともに，季節などの TPO に合わせた柄や模様の意味，帯・帯留や草履などが製作される背景など，ものづくりの真髄に触れさせていただきました。長く愛用する和服だからこそ「お客様とともに人生を重ねる」，働き方の醍醐味を学びました。

（5）鞄メーカーとの対話＝鞄を作る立場を学ぶ（2016 年 9 月〜 2017 年 3 月）

　試作品はファーストサンプルを受けて，学生たちが再提案した後にセカンドサンプルが作られ，本格的な検討を重ねました。

　ファーストサンプルでは，JR 東日本（1987 年創業）の Suica を収納できるよう底部にケースが付き，機能性が重視されたものでした。ところが，「機能性よりも，改札を通過する自分たちの姿がこの鞄と合わない」との理由で，学生たちは自らの判断で収納ケースを外すことを決断しました。また，ステッチ（英語で Stitch，裁縫）の色を白から皮革の色に類似したものに変更する等して，最終サンプルへと至りました。

　そのやりとりの過程で，傳濱野の代表取締役社長の濱野有氏（1959 年〜）から，職人の細かな技巧をはじめ，女性の魅力を引立てるアイテムとしての拘り，部位ごとに異なる革の質感，使用後の細部まで考慮した技術力など，クラフトマンシップの妙技を教示いただきました。学生たちは，職人の見えない心遣いに驚き，感謝する気持ちが芽生えたようでした。

（6）インターネット販売（2017 年 3 月）

　2017 年 2 月末，いよいよ鞄の最終デザインが決まりました。傳濱野の web サイ

図3-4　試作品を手に，比較検討する様子（2017 年 2 月）
授業同様に，毎回活動レポートにまとめる学生たち

トを用いて販売することとし，定価は39,000円（消費税抜き），数量は30個限定としました。そして，わずか1週間で完売となりました。

　注文された方は，親子2代，または3代で傳濱野の鞄を愛用されている方，すでに同社の鞄や財布を購入されたことがある方などが目立ちました。自分たちのアイデアで新商品はできたものの，本当に売れるかどうか疑心暗鬼であった学生たちは，高額な商品があっという間に完売したことを見て，マーケティング用語でいうロイヤリティが高い顧客の目に適ったことに安堵感を覚え，そして，老舗企業が築いてきた信用・信頼の大きさに気づいたのでした。

　なお，購入された方々からは，次のような声が学生たちの手元に届きました。

- 学生さんの思いが詰まった素敵な鞄を，早速購入させていただきました。大切に使わせていただきます。（森本千賀子氏）
- 歴史ある鞄メーカーで，すでにお財布も愛用してるお気に入りのメーカです。今回の鞄もどこに出かけても褒められます。（50代，銀行勤務）
- A4サイズも入り，良質な革，なによりこれまでにないグレージュの色具合が一目で気に入りました。（40代，航空会社勤務）
- この鞄を持って，まずは3年間社会人としての基礎を経験し，いつか濱野社長に報告したいです。（19歳，大妻女子大学学生）

（7）8ヵ月間で参加者全員が社会人基礎力向上

　2016年8月から始めたPBL（課題解決型学習）は，すでに述べてきたとおり，途中で方針変更して，ビジネスプラン作成から具体的な商品開発・販売へと展開しました。2017年3月に至るまでの8ヵ月間に，学生たちの社会人基礎力がどれほど向上し，キャリア構築にどれほど役立ったのか，気になるところです。

　この8ヵ月の間，学生たちの協力を得て，社会人基礎力（改良版・7つの能力）のチェックシートへの記入を3回，あるいは感想や今後の課題などを問う質問項目に対する自由記述を6回してもらいました（いずれも記名式）。

- 2016年 7 月，「キャリアデザインⅠ」最終講義時＝第1回
- 2016年 9 月，フィールドワーク終了後＝第2回
- 2016年10月，大妻祭の講演会後＝第3回
- 2016年12月，商品コンセプト決定後＝第4回
- 2017年 2 月，日本橋三越本店で研修後＝第5回
- 2017年 3 月，鞄づくりの最終段階＝第6回

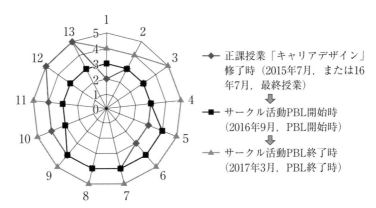

正課授業「キャリアデザイン」修了時（2015年7月，または16年7月，最終授業）

n＝13　No.1〜13は学生を表す（採番方法は任意）

図3-5　社会人基礎力（改良版・7つの能力）の総合評価の推移

出典：澤田裕美（2020）「短期大学における社会人基礎力を指標としたキャリア教育研究〜正課教育と正課外教育の統合による指導方法〜」『社会人基礎力研究機関誌』創刊号　2020年3月：p.30.

　第1回・第2回・第6回に社会人基礎力（改良版・7つの能力）のチェックシートへの記入をしてもらった結果，特定の学生の変化を縦断的に把握することができ，参加者全体としては図3-5のようなレーダーチャートを描くことができました（3回ともデータが揃う有効回答数は18人中13人）。

　注目したいのは，13人全員が社会人基礎力が伸張したと自己評価したことです。また，13人中4人が前期「キャリアデザインⅠ」の最終講義から鞄づくりが本格化する9月までの間，つまり夏期休暇中に社会人基礎力が一時低下したと認識していました。この誘因としては，自己分析のコメントを抜粋すると，「夏休み中に帰省し，不安になったことでキャリア意識が低下した」，あるいは「キャリアデザインⅠが終ってしまって，モチベーションが落ちた」などがありました。

　また，第6回の質問項目のうち，「大学入学時まで振り返って，在学中に一番成長できたと思う能力は何か？」，また「今後の活動への期待や自分の課題は何か？」を尋ねたところ，特に目を引いた記述を抜粋すると次のとおりです。

- 資格取得の目的で短大へ入学したが，社会人の対話や心遣いを間近で学び，今後は卒業生や在学生との交流で活かしたいと思います。
- 学費が理由で短期大学を選択したが，ものづくりは心に響く貴重な体験となった。今後は奨学金を責任もって最後まで返済したい。
- 女性として身につけるべき教養を学びたくて女子大学を選択しました。希望の就職先に早期に内定がとれました。今後もさまざまな人との交流を続けて，自分の意見をもっときちんと人に伝えられるようになりたいと思います。

図3-6　鞄づくりから丸３年，濱野社長（中央）と卒業生たち（2020年２月）

（8）鞄づくりに参加した学生のその後（2020年3月）

　2016年度に「働く女性の理想の鞄づくり」をテーマにしたサークル活動を終えた学生たち（当時２年生13人，１年生５人）は，2020年3月現在，社会人となって入社４年目や３年目を迎えつつあります。そのなかには，一般職から総合職へ職制転換を促され達成した者，社内で営業成績がトップとなり表彰された者，宅建や日商簿記の勉強に励み合格した者，老舗百貨店に就職して日本橋の顔となっている者などがいます。大妻女子大学で学んだキャリア教育や鞄づくりで培った社会人基礎力などは，卒業後もしっかり根づいている，と彼女たちは語ります。

　そして，「まずは，この鞄を持って社会人としての基礎を築き，いつか濱野社長さんにご報告したい」という言葉を残して卒業した学生たちは，2020年2月にその目標をかなえることができました。

3．コロンバンと「東京五輪開催記念の洋菓子づくり」（2017・18年度）

（1）新メンバー22人が加わりスタート（2017年7月）

　2017年7月，前年度と同様に，前期「キャリアデザインⅠ」の履修生の中から22人（２年生３人，１年生19人）が，新たに大妻女子大学キャリアデザイン研究会に加入することとなりました。鞄づくりを経験した１年生は２年生に持ち上がり，経験者としてチューターの役割を果たすことが期待されました。

　そして，新たなPBL（課題解決型学習）に取り組むに当たり，課題は「食べ物にしたい」という漠然とした意見が多数を占めていました。それでいて，前年度同様に，アイデア出しにとどまらずに商品開発・販売まで体験したいという贅沢なものでした。

　では，肝心なパートナー企業はどうするか？　前年度の苦労を教訓に，著者は前期の早い段階から，ターゲットを絞って動きました。学生たちの感触を確認したところで，すぐに具体的な交渉に入り，コロンバン（本社：東京都中央区）から提携協力の快諾（だく）を得ました。同社は1915年創業の老舗企業で，奇しくも前年度の傳濱野と同じく皇室御用達のメーカーです。

　ところが，学生たちは同社の主力商品（クッキーなど）を前にして，目にしたことや食したことはあるけれど，ブランド名もロゴマークも，果ては会社名もはっきり記憶にありません，という反応でした。そこで遽然（きょ），茫漠（ぼうばく）としていた課題が輪郭を表しました。

　一つ目の課題：新商品開発・販売
「日本の洋菓子の伝統をもっとアピールしよう（伝統を新たな形で表現する）」
　二つ目の課題：経営戦略の見直し
「コロンバンの企業価値を上げよう（若者の認知度を上げる）」

　その後，企業側へすぐにフィードバックすると，快く賛同を得ることができました。なお，次の2点も併（あわ）せて申し入れ，協力いただくこととなりました。

①2016年度が8ヵ月間と短期間であり，途中から商品開発・販売へ方針転換したことは，とても気忙（きぜわ）しい日程でした。この反省を踏まえ，2017年度は2017年7月から2019年3月までの21ヵ月間を視野に入れて，長期的に取り組みたい。
②前期「キャリアデザインⅠ」終了時（2017年7月）の，サークルメンバーの社会人基礎力（改良版・7つの能力）の実態（自己評価に基づく）を伝え，彼女たちに共通する弱点や向上させたい能力などについて情報を共有したうえで，教育的指導の力添えを賜りたい。

（2）フィールドワークと工場見学会（2017年8月）

　前年度の鞄づくりの経験では，夏期休暇を挟んだために社会人基礎力が低下してしまった等という反省点がありました。そこで，学生たちには申し訳ないと思いつつも，休暇中にコロンバンの製造現場を視察すること，そして競合他社を含めた販売店舗を調査すること等を助言しました。外出となれば出費も伴います。ごく少数ですが，不満が出てしまいました。とはいえ，そもそもサークル活動は，成績も単位も関係なく始めた正課外教育です。ましてパートナー企業も無償で協力してお

図3-7　コロンバン埼玉工場（埼玉県加須市）の見学会（2017年8月）

図3-8　13チームが市場調査結果をプレゼンテーション（2017年9月）

り，モチベーションの高い学生たちが自主的に行うべきものです。嫌々従うようでは本末転倒で，判断は本人に委ねました。

蓋（ふた）を開けてみれば，ほとんどの学生が工場見学会に参加することとなりました。常務の萬場稔（まんば）氏（現・専務）などが本社から2日間にわたって応援にきてくださいました。

当日，学生たちは製造ラインを食い入るように，小さな食品（クッキーなど）ができあがる様子を観察しました。沢山の人が一丸となったオペレーション，徹底した衛生管理，工程への細心の注意など，皆揃って驚愕（がく）していました。

2017年8月，洋菓子市場を踏査（とうさ）しようと13チームに分かれて，首都圏の主要な百貨店，鉄道各社の主要駅ビル[3]，東京国際空港（1931年開港）などのそれぞれの販売店舗や土産物品売場などへ出かけていきました。

そして，8月下旬，夏期休暇中の大学の教室を借りて，調査・分析した結果について，サークルメンバー全員の前でプレゼンテーションや質疑応答を行い，情報共有を図りました（情報共有から情報共鳴へ）。

（3）パートナー企業の経営陣へ経過報告会（2017年9月）

9月上旬，コロンバンの経営陣を大妻女子大学の教室へ招いて，開始して1ヵ月半余りの経過報告を行いました。これは有識者を審査員として招いたコンテストと

図3-9　経営陣の前でプレゼンテーション（2017年9月）

は異なります。まるで新入社員が社長の前で新規事業投資案件を提案するような場面です。経営陣の皆さんは，学生たちと十分な面識が無いものの，共通する課題解決へ向けた同志のように，包容力をもって対応してくださいました。他方，学生たちは，手が震えて緊張したと後日感想を述べています。

　報告会の後，代表取締役社長の小澤俊文氏（1953年〜）による，洋菓子づくりにおける本物へのこだわりについての講演は，製造・販売の現場を視察し，競合他社を調査・分析した学生たちの心に響いたようです（情報共鳴から情報共感へ）。ほかにも，商品開発・営業・商品デザインの各担当の責任者から貴重な話を拝聴しました。

（4）商品コンセプトを固める（2017年10月）

　2017年10月，知識構成型ジグソー法を用いて，商品コンセプト，具体的にクッキーの形や味などの規格とともにパッケージなどのデザインとの統一性などについてアイデアを詰めました。続いて，試作品の作製へとりかかることとなりました。同時期，コロンバンがネット販売で提携している，ヤマトホールディングス（1919年創業）の配送センターを視察し，デジタル化が進む流通業界（商流と物流）への理解を深めました。

　その後，何種類かの形や材料などの異なるファーストサンプルができあがり，再び知識構成型ジグソー法を用いて情報を集約する段階を迎えました。そして，材料や味覚，デザインなどを巡りどれに最終決定するか，甲論乙駁があった後，新商品の最終型が見えてきました。

（5）経営戦略を見直す（2017年10月）

　新商品の開発が一段落ついたところで，もうひとつの課題である「コロンバンの企業価値を上げよう」に着手することにしました。

図3-10　ヤマト運輸視察，商品コンセプトを固める（2017年10月）

これまでの商品開発を通じて，女子学生たちは，なにか腑に落ちないところがありました。コロンバンの企業価値は何か，答えを掴みきれていませんでした。日本で初めてショートケーキを広めた老舗企業といわれるが，今日まで何を大切に守ってきたのか。そこが判然としなかったのです。考えあぐねた末，萬場常務に助けを求めたところ，創業者の門倉國輝（1893〜1981年）が，第一次世界大戦（1914〜1918年）直後の1920年代のパリ修業時代に習得し，現在まで守り続けてきたお菓子があると教えてくださいました。

それは「ロワイヤルボンボン」と呼ばれる，フランス産のリキュール「コアントロー（フランス語でCointreau）」を砂糖で閉じ込めたお菓子でした。すべての工程は手作業で，注文してから4日待たねばなりません。学生たちは現物を手にして，強く掴むと砕けてしまう繊細なつくりと，口に入れると蕩ける食感に，何かを感じたようでした。

続いて，国会図書館（1948年設立）へ向かいました。門倉氏が1931年に著した『喫茶とケーキ通』の初版本が現存すると知ったからです。可愛らしい装丁の本には，門倉氏の言葉が詰まっていました。

図3-11　創業者・門倉國輝から伝わる「ロワイヤルボンボン」に行き着く

　「この本を讀んだおかげで，旦那様によりおいしい珈琲を飲ませる奥さんが一人でもできれば，お子さん方にもっとうまい菓子を與えるお母さんが一人でもできれば，そうして私の念願である『お茶とケーキの家庭化』が少しでも実現されれば，私の望みは足りぬ」

　女性は夫や子供に尽くす良妻賢母であれ⁉　その象徴として喫茶とケーキが普及してほしい⁉　明治生まれで大正・昭和を生き，戦後の洋菓子業界や日仏文化交流を支えた門倉氏が，そんな古風な価値観の持ち主だったのでしょうか？　この文面だけから読み取ると誤解をしてしまいそうです。学生たちは，そこで次のように解釈することにしました。

　「家族を守る，強い意志と愛情をもった女性を，門倉氏は望んだのでしょう。洋菓子を囲んで，多くの人の団欒（コミュニケーション）を願ったのでしょう」

（6）販売戦略などを検討（2017年11月）

　2017年11月，コロンバンの経営戦略を考えるうえで，若者との接点を考慮して，販売戦略や広報戦略などに絞り込んで提案することにしました。そこで，学生たちは5チームに分かれ，個々に検討を重ねました。そして11月中旬，外部有識者を招いて，5チームがプレゼン発表会を行いました。

①販売戦略（店頭販売）チーム：コロンバンの首都圏14店舗を覆面調査し，対面販売の分析調査を行いました。接客対応に店舗間で統一性がないため，「販売チェックリスト」を作成し，パートナー企業へ提案し意見交換をしました。

②販売戦略（SNS活用）チーム：競合する洋菓子メーカー6社の人気商品とコロンバンとの比較検討を行い，SNSを活用した販売戦略を検討しました。

③広報戦略チーム：5種類の宣伝媒体を比較検討し，コロンバンの商品が若者に浸透するための広報戦略を練りました。

④市場調査チーム：土産品・贈答品を受け取る顧客の心理について，調査票作成に始まり，サークルの先輩などの協力を得て計385人から有効回答を回収し，データ解析を行いました。

⑤文化・観光チーム：土産品を含むインバウンド消費の動向について，外国人観光客が好む観光地8ヵ所をフィールドワークし，分析しました。

図3-12　社会人基礎力育成グランプリに出場（2017年12月）

（7）「社会人基礎力育成グランプリ」への出場（2017年12月）

　7月から始めたPBL（課題解決型学習）も5ヵ月が経過し，新商品の完成が間近となったこともあり，サークル内の勢いが鈍化する，中弛（だる）みの気配が見受けられるようになりました。

　そこで，著者は「社会人基礎力育成グランプリ」（関東地区予選大会）の出場を助言しました。外部評価により，学生たちの取り組みの成果や問題点を洗い出す良い機会ではないかと捉えたのでした。

　学生たちは最初，出場校のほとんどが四年制大学・大学院であることで尻込みしたようでしたが，すぐに気持ちを前向きに切り替えて，挑戦する姿勢に変わりました。そして，社会人基礎力（3つの能力と12の能力要素）の言葉を使って，これまでの5ヵ月間に幾度も繰り返してきた内省（リフレクション）を，もう一度整理し直しました。そのうえで，プレゼンテーションの練習に連日夜遅くまで励みました。

　2017年12月，関東地区予選大会ではわずかの差で次点（準優秀賞）となり，残念ながら優秀賞（全国大会出場権獲得）には届きませんでした。でも，学生たちはこのコンテストへ出場するための準備を通じて，多くの学修ができました。自分たちの社会人基礎力（改良版・7つの能力）を鍛錬するうえではたいへんに有意義であったと振り返りました。

（8）PROGテスト受検（2017年10月，2018年5月）

　年が明けて2018年春，新商品のネーミングを「たまて箱」とすること，6種類のクッキーを梱包（こんぽう）すること，ターゲットを国内外の観光客と想定すること，装丁はブリキ箱で，蓋（ふた）に市松模様（紺と白のチェック）を施し，紺地には日本を連想する富士山や隈取（くまどり）などの陰影を描き込むこと等が決まっていきました。

　2018年5月，2年生となったサークル所属の学生たちは，社会人基礎力をどれほど向上させたか，またキャリア意識が熟成したか，PROGテストを受検して確認することとなりました。2017年10月時点に大妻女子大学の手配により，すでに一度結果を得ていました。短期間ではありますが，7ヵ月間でどれほどの変化がみられたか比較検討ができます。

　その結果を受検者の平均値でみると，大幅に伸張したのが情報分析力，対人基礎力，対課題基礎力で，伸び悩んだのが情報収集力でした。著者はデータに基づいて個々の相談に応じ，今後の目標値や対策などを助言しました。

　なお，大妻女子大学短期大学部では，2017年度からPROGテストをすべての新入生が受検するようになりました。在学中にもう一度受検することで数値の変化とともに，各自の強みや弱みなどを把握し，学修計画などに役立てています。他方，サークル活動では，引き続き社会人基礎力（改良版・7つの能力）のチェックシートを用いた自己評価を定期的に続け，内省（リフレクション）の参考としています。

（9）先行販売（2018年10月）

　2018年7月，16・17年度と同様に，前期「キャリアデザインⅠ」の履修生の中から22人（全員1年生）が，新たに大妻女子大学キャリアデザイン研究会に加入することとなりました。洋菓子づくりを経験した1年生19人は2年生に持ち上がり，経験者としてチューターの役割を果たすことが期待されました。

　2018年10月，待ちに待った「たまて箱」の完成品ができあがり，大妻祭で先行販売することとなりました。税込価格1,200円で限定400個です。大妻女子大学キャリアデザイン研究会の学生が販売を担当しました。大学受験を控えオープンキャンパスに来た高校生の親子など，多くの年代の方々が喜んで買い求め，ほんの数時間で完売となりました。

　2年生の学生たちは，洋菓子づくりのPBL（課題解決型学習）を始めた当初，インスタ映えするデザインにこだわったことを懐かしく思い返します。その後，創業

図3-13　大妻祭で新商品を先行販売（2018年10月）

図3-14　新商品「たまて箱」に挿入された栞（しおり）に使用した写真
（原宿コロンバンサロン前にて・2018 年 8 月）

者の門倉氏の著書を通じてその言葉に触れ，100 年間変わらずに伝承されてきたお菓子（ロワイヤルボンボン）の存在を知りました。

　流行に流されがちな，パッケージなどの見映え（みばえ）よりも，もっと大切な長い時間受け継がれてきた創業者の思い，あるいは受け継いできた方々が築いた信用・信頼を，こうして形にすることが大切であることを学びました。

4．リーガロイヤルホテル東京・たん熊北店（きたみせ）と「上巳の節句（じょうし）の点心づくり」 （2019 年度）

（1）業界分析とフィールドワーク（2019 年夏）

　2019 年度からは，先述のとおり，前期「キャリアデザインⅠ」が必修科目となるとともに，後期に「キャリアデザインⅡ」と「キャリア・デベロプメントロ・プログラムⅠ」の2種類の選択科目が新設されました。

　大妻女子大学短期大学部のキャリア教育を充実させようという意向を受け，著者の守備範囲は広がり，産学連携型の PBL（課題解決型学習）を授業に取り入れることとしました。商品開発・販売を達成させ，イノベーションを実体験することをめざしてきた，これまでのサークル活動と比較して，後期15回のシラバスに組み入れることは容易い（たやすい）ことではなく，自ずと限度があります。パートナー企業の選定は順調に進み，大手ホテルのリーガロイヤルホテル東京（1994 年開業）と京料理のたん熊北店（きたみせ）（1928 年創業）の協力を得ることが決まりました。

　2019 年 7 月，例年どおりにこの時期，前期「キャリアデザインⅠ」の履修生の中

から新たに大妻女子大学キャリアデザイン研究会への加入希望者を募りました。鞄づくりや洋菓子づくりの実績があるだけに，熱気と期待に満ちた，1年生が多数集いました。

　その頃，著者が懸念したのは学生たちの夏期休暇の過ごし方です。学修態度・生活態度の緩みは禁物です。3年前の2016年の教訓として，夏期休暇を挟んで社会人基礎力やキャリア意識が減退しないか気がかりです。かといって，2年前の2017年のように，学生たちが率先して工場見学や市場調査を行ったように，科目履修登録をした学生がどこまで自主的に動いてくれるか。

　そこで，著者は一計を案じて課題レポートの提出を課すことにしました。課題は，夏期休暇中に，ホテル業者の経営理念や経営戦略を分析すること，そして首都圏のホテルへ足を運んで調査することでした。内容の出来不出来というよりは，就学年限が2年間と限られる短大生にとって，夏期休暇中も自己研鑽に励む習慣を身につけてほしいとのねらいがありました。

（2）チューターが商品開発の水先案内人に（2019年9月）

　2019年8月下旬，2年生のチューターたちが，料理長の上畑勝義氏（リーガロイヤルホテル東京のたん熊北店 Directed by M. Kurisu）と打合せを行い，後期授業の日程案と最終目標を確認しました。そして課題については，料理長より和食のレシピとテーブルコーディネート（室礼）に設定し，受講生が自由な発想で提案できるように，具体的には「上巳の節句（雛祭り）の点心づくり」としてはどうかと提案をいただきました。和食は2013年にユネスコ（国際連合教育科学文化機関，1946年設立）の無形文化遺産に登録されたものの，近年，食材や料理法に理解のある顧客が減り，和食の衰退が危惧され，女子大生にぜひともその価値を見直してほしいとの危機感と期待からくるものでした。

　2019年9月，「キャリアデザインⅡ」の初回授業では，チューター役の2年生が，今回の商品開発の課題設定や背景を資料にまとめて履修生を前に説明することから始まりました。チューターを務める学生は，料理長から受けた感動をどのように伝えれば，履修生に共有・共鳴してもらえるか苦戦したようでした。彼女たちは，商品開発の手順をいかに論理的に説明するか，その際に1年次に受講したオムニバス授業（毎回講師が変わる授業）を参考にしたそうです。チューターの社会人基礎力，傾聴力や発信力が試される場面でした。

　「キャリアデザインⅡ」には，大妻女子大学短期大学部内に設置された3学科5専攻に所属し，専攻が異なる学生が合計56人登録しています。そこで，意図的に専攻の異なる学生を組合わせ，11チームを組織し，チームごとに商品開発に取り組む

図3-15　チューターがパートナー企業と授業内容の事前打合せ（2019年8月）

こととなりました。

　専攻が異なる学生同士のチーム運営は苦労します。履修する科目が違いますから，学修している専門知識が異なり，全員が集まるための日程調整ですら思うようになりません。給食管理実習やビジネス系検定試験など，欠くことのできない授業が目白押しです。次第にモチベーションや興味関心で学生間に斑が現れ始めました。11チームがそれぞれなにかしらギクシャクして，運営にてこずっていました。そんな時，サークル活動で洋菓子づくりの経験がある2年生が相談に乗って動いてくれました。

（3）外部講師から新しい知見を学ぶ（2019年10月）

　商品開発が進展する中，食品メーカーのキッコーマン（1917年創業）と味の素（1925年創業）の方々を外部講師として招き，調味料の歴史や製品ができる過程について講義していただきました。講師の方々は朝9時開講の1〜2時間も前に来校され，学生有志とともに準備をしてくださいました。また，五基本味をはじめ，醤油の醪や糟の色や香りの変化を伝えたいと，現物を持参してくださいました。こうした姿勢からも，学生たちは多くを学びました。

図3-16　食品メーカーから講師を招いた授業の様子（2019年10月）

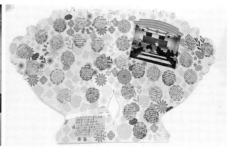

図3-17　上畑料理長による講義の様子と学生たちの御礼状（2019年10月）

　講義を通じて，和食の繊細さや日ごろ口にしている食べ物が美味しい理由はうま味成分にあったのかと，改めて衝撃を受けている様子でした。また，出し汁や発酵食品に関する科学的な知見を得るとともに，食文化への造詣を深めました。さらに，講演を機に食品業界全体へと視野を広げ，前期「キャリアデザインⅠ」で学んだ業界分析の手法を用いて，独自に分析を始める学生も出てきました。

　そして2019年10月，上畑料理長による特別講義を企画しました。聴講した学生たちは，感動の気持ちを伝えたいと思い立ち，2年生の発案で，図3-17のような華やかな御礼状を講義翌日に段取りしました。先輩たちから学んだ，パートナー企業の信頼関係の構築の大切さについて，こうして引き継がれていることを著者は嬉しく思いました。

（4）「チームで働く力」を育てる（2019年秋）

　11チームは，商品開発の進捗状況を料理長へ報告すべく，2019年9月の授業開始時から2週間ごとにレポートを提出し続けてきました。女の子の成長を祝う雛祭りがテーマだけに，ターゲットをどんな親子に設定するか。料理が話題になり，売上アップに貢献するには，どんなコンセプトにするべきか。各チームは試行錯誤を重ねてきましたが，どうも独自性に欠けるものがありました。既成概念にこだわりすぎているようでした。また，チームによってはメンバー間で伝えたい内容に齟齬が生じていました。

　2019年10月末，メンバー間の価値観を共有すべく，ブレーンストーミングなどを徹底してやるよう著者は助言して回りました。チーム内ですでに共通認識ができているつもりでしたが，改めて言葉にしてみるとコンセプトの捉え方や商品開発への思いに径庭があることに気づいたのでした。

　2019年11月中旬，外部有識者を招いたプレゼン発表会を授業として企画しました。学生たちは緊張しつつ，発表間近まで準備に余念がありません。

　土曜日に行った発表会では，11チームがそれぞれ商品企画を発表しました。ター

図3-18　11チームの個性があふれるプレゼン発表会（2019年11月）

ゲット層も母と子に限定したものをはじめ，大人の女性，外国人家族などとバラエティ豊かなものになりました。外部有識者の皆さんからは，今後の発展につながるような建設的な助言をいただき，学生たちは初めて味わう達成感を得たと後日感想を述べました。そのほかに，テーブルコーディネート（室礼^{しつらい}）を初めて知った学生が多くいましたが，外見からは気づかない心の態勢までも整える必要があることを学び，その心構えは働き方・生き方にも通じることだと気づいた学生もいました。

（5）「社会人基礎力育成グランプリ」へ再び出場（2019年12月）

2019年12月上旬，2017年度に続き2回目の「社会人基礎力育成グランプリ」（関東地区大会）へ代表者が出場することとなりました。またも次点（優秀賞）で終わり，最優秀賞（全国大会出場獲得権）を逃しました。でも，点心づくりを題材に8月から取り組んできた4ヵ月間の学修成果に対し一定の評価を得て，プレゼンテーションに立った学生たちは感動して，涙があふれていました。

2020年2月，「キャリアデザインⅡ」の授業を終えるにあたり，受講生からは次のような感想が寄せられました。

- 人やモノ，情報に触れた時，今後はその背景にまで思いを巡らすゆとりを持ちたいと思いました。今回の和食に例えるならば，専門的な調理法を取得するだけではなく，親子で受け継がれてきた家庭の味や慣習，それに地域性のある文化や歴史ではないでしょうか。そんなことに気づけてたいへん勉強になりました。

図3-19 「社会人基礎力育成グランプリ」で授業の学修成果を発表
（2019年12月）

- 時間の調整が難しい仲間とのチームワークの大切さを学びました。一人一人の存在や意見を尊重し，支え合い，補うことで新たな価値が生まれることを学びました。将来は家庭や企業，地域社会でも最善を尽くすよう心がけたいと思います。

- 自分の考えたこと，学んだことを実際に行動に移すことの大切さを学びました。無理や無駄と諦めず，思いどおりにいかなくても，自分には何ができるのかを考えてから，行動に移す大切さを実感しました。

■註

1：シェイファー，ソビー（2019）：pp.447/483.

2：帝国データバンク史料館・産業調査部（編著）（2009）：pp.18-35.

3：JR東日本（1987年創業）管内の1日平均乗車人員の駅別ベスト10位（2016年度）は次の通りです（降車人員等は含まず）。1位・新宿（約76.9万人），2位・池袋（約56.0万人），3位・東京（約44.0万人），4位・横浜（約41.5万人），5位・品川（約37.2万人），6位・渋谷（約37.1万人），7位・新橋（約27.1万人），8位・大宮（約25.3万人），9位・秋葉原（約24.7万人），10位・北千住（約21.4万人）。10駅の累計は391.2万人です。

　　なお，リニア中央新幹線が2027年に品川駅～名古屋駅間で開業予定です（開業すると約40分で結ばれます）。また，高輪ゲートウェイ駅が2020年3月に開業し（山手線で1971年開業の西日暮里駅以来49年ぶり），また東京国際空港（羽田）と成田国際空港とアクセスも良くなることから，品川駅の乗車人員の増加が見込まれます。

　　将来，どこに住んで，どこで働き，どこで子育てをするか等，自身のキャリアデザインを描く前提のひとつとして，都市の骨格を決める国土計画や都市計画，あるいは人・物・お金・情報などの流れを把握するよう努めましょう。

4：入山章栄（2015）：p.101.

■引用・参考文献

入山章栄（2015）『ビジネススクールでは学べない　世界最先端の経営学』日本BP社：p.101.

門倉國輝（1931）『喫茶とケーキ通』四六書院

エリック・シェイファー，デビッド・ソビー，河野真一郎（監訳），山田美明（訳）（2019）『ものづくり「超」革命　「プロダクト再発明」で製造業ビッグシフトを勝ち残る』日経BP

帝国データバンク史料館・産業調査部（編著）（2009）『百年続く企業の条件　老舗は変化を恐れない』朝日新聞出版

日本ビジネス実務学会（2010）2009 年度 全国大学実務教育協会委託研究報告書『日本ビジネス実務分野における汎用能力とその教育方法』（2010 年 10 月発行）：pp.29–35.

日本ビジネス実務学会（2011）2010 年度 全国大学実務教育協会委託研究報告書『汎用能力育成の指導法：研修プログラム開発と教材開発を中心に』（2011 年 12 月発行）

日本ビジネス実務学会（2012）2011 年度 全国大学実務教育協会委託研究報告書『ビジネス実務汎用能力の抽出とその教育方法』（2012 年 3 月発行）：pp.32–39.

―――――――――――――――――――――――――――――― 第 3 章のポイント◆

- 社会人基礎力を育成する教育方法のひとつとして，企業・団体の協力を得て行う，産学連携型の PBL（課題解決型学習）があります。

- 新しいアイデアを提案する創造性にとどまらず，商品開発や販売までも視野に入れた，アイデアを実現するイノベーションに挑戦しましょう。

- 2016〜19 年度に女子大生たちが取り組んだ 3 通りの事例をみると，①正課教育と正課外教育の学修の間を往還して，②内省（リフレクション）を繰り返すとともに，③各自がリテラシーとコンピタンシーの両面の向上を図っているのがわかります。

第2部

基礎編

第**4**章

キャリアデザイン

キーワード：M字カーブ，ライフ・キャリア・レインボー，キャリア・アンカー，5人の私

1. キャリアデザインとは何か

　この本を手に取った皆さんは，キャリア（英語でCareer）という言葉を聞いて，どんなことを思い浮かべますか？　大妻女子大学（1908年設立）では，高等学校を卒業したばかりの新入生らを対象に，キャリア教育に関する授業を行っていますが，受講生の多くは答えに窮
きゅう
します。バリバリ仕事をこなすキャリアウーマンや，中央省庁のキャリア官僚を連想する学生もいます。

　また，自分自身のキャリア形成をどう考え，そのために大学時代に何を学ぶか，具体的に何に取り組んでいるかと問うと，そんな意識は持ち合わせていなかったと恥じ入り，または計画が描けずに苦労している様子が見受けられます。

　でも，何回か授業を重ねていくうちに，ほとんどの学生に変化が起こります。アルバイトや就職活動に追われる生活を見直し，学修態度や生活態度を改め，キャリア意識に目覚めていきます。将来の自分への投資として，今どんな経験を積むべきか，どんな言動が信用・信頼を醸成するか，よく考え行動するようになります。キャリアという言葉が抽象的な概念ではなく，実は自分自身の学び方，働き方，そして生き方として，より具体的な形になり始めます。

（1）日本人女性のキャリア形成 150 年史

　そもそも，キャリアという言葉そのものは，19世紀中頃以降に第1次産業革命が進展する欧米諸国で，専門職への就労，または職階上の昇進などを意味してきました。日本において，女性のキャリア形成について政策的に取り組むようになったのも，ちょうど同じ頃，明治維新以降のことです。

　第1に教育政策として，女性の教育が充実してきました。1872年に，学制
がくせい
が発令され，個人の立身・治産
ちさん
・昌業
しょうぎょう
[1]のための知識・技能の習得を目的に，男女平等・

共学の理念のもとで近代的な学校制度の整備が推奨されました。

　ところが，府県（地方公共団体）の財政負担や，授業料を自己負担してまで女子を就学させる家庭は少なく，1877年以降は性差を意識した男女別の学級編制がなされるようになりました。それでも，1895年に高等女学校規程（文部省令）が，1899年に高等女学校令（高女令と略記，勅令）が公布され，女性に対する英語や数学などの専門教育が充実してきました。

　日清戦争（1894～1895年）の直前の1893年に通達された，女子就学並裁縫教員に関する件（文部省訓令）では女子の小学校就学が奨励され，また，日露戦争（1904～1905年）を経た1908年5月に高女令施行規則が改正され，家事や裁縫を重視する良妻賢母を育成する方針に変更されました。

　さらに，第二次世界大戦後の学制改革を契機に，1950年に二・三年制の短期大学が誕生し，その後，女性の高等教育への進学率が急上昇しました。1975年に国際連合で「国際婦人年」が宣言される等，世界各地で女性の地位向上への関心が高まり，これらを背景として日本政府は1978年に『婦人白書』をとりまとめ，大学進学率や平均賃金などさまざまな点で男女格差がある現状を指摘しました。その後，1996年に女子高生の四年制大学への進学率が短期大学への進学率を上回るようになりました（直近の動向は第1章，pp.14-16参照）。

　第2に経済政策や労働政策として，大正時代（1912～1926年）以降，女性への職業教育や就労が推奨されてきました。女工や職業婦人，あるいはモダンガール（モガと略記）という言葉に象徴されるように，工業化や都市化に伴う労働力需要に応えるため，工場労働者や会社事務員などの職業選択が増え，また中等教育や高等教育を受けた女性が専門職として社会進出する機会も増加しました。1922年に女性の集会参加権が認められ，労働環境の改善等を求める女性の職業組合も誕生しました。また，1945年には女性の結社権と女性の参政権が許され[2]，女性の声が政治経済や文化活動などに反映しやすくなりました。

　第3に福祉政策として，戦後復興や高度経済成長期（1954～1973年）を通じて，専業主婦世帯を想定した社会保障制度が整備されました。「男は外で働き，女は家庭を守る」という，性別による役割分担意識に基づくものでした。1980年代には，先進国病が日本でも懸念され，家庭・地域・企業等が主体となった福祉が施されるべく，所得税の配偶者控除の導入などが行われました。

　ところが，妊娠・出産を理由とした退職の強要や不当な配置換えなどが社会問題化し，男女雇用機会均等法[3]（1985年公布）によって，男女共同参加や女性の社会進出が奨励され始めました。その後，育児休業法（1991年公布），育児・介護休業法[4]（1999年施行），次世代育成支援対策推進法（2003年公布，2025年3月末まで

の時限立法），女性活躍推進法[5]（2015年公布，2026年3月末までの時限立法），および2019年に同法改正がなされてきました。個人が重視されるとともに，女性に対する性差別を克服して，女性の社会進出が求められてきました。

　2003年以来，「女性活躍推進」という言葉が政府目標に掲げられ，女性が指導的地位を得ることや，職業生活と家庭生活が両立できるように環境整備を図ることが，企業や地方公共団体などで進められてきました。

　第4にバブル経済崩壊後の就職氷河期（1993～2005年頃）やリーマン・ショック（2008年）後の景気低迷を通じて，キャリア教育が重視されてきています。2003年に文部科学省・経済産業省・厚生労働省が合同で若者自立・挑戦プランを策定したのを手始めに，2010年に大学設置基準（1956年施行）が改正され，大学等における職業指導（キャリアガイダンス）が義務化されました[6]。2016年に職業能力開発促進法（1985年施行）が改正され，労働者のキャリア開発支援を事業主に対して義務化し，いわゆるキャリア権が確立されました。そして2019年春以降，新たな高等教育機関として，専門職大学・専門職短期大学が誕生しています。大学のみならず，小・中学校，高等学校，または企業・団体などにおいて，性別を問わず，キャリア教育の充実が求められています。

（2）国語の教科書に出てくる女性のロールモデル

　次に視点を世界全体に向けて考えてみましょう。女性が男性と同じように，就職や起業をして労働力を提供し，家庭では家計や消費の主体として活躍するようになってきています。しかしながら，そんな女性の判断や行動を阻害し，制約する理不尽な現実が，依然として存在しているのも事実です。

　世界銀行（1944年設立）は，2008年から2017年の過去10年間を振り返り，世界187ヵ国で女性の機会平等がどれだけ実現してきたかを調査し，2019年3月に「女性・ビジネス・法律2019」[7]を公表しました。それは，厳しい現実を伝えています。

①女性の機会平等を促す改革を，過去10年間に一切行わなかった国は30％（56ヵ国）に上ります。
②最も改革が遅れている分野は資産管理です。財産権に男女格差が依然としてある国が沢山あります。
③女性に認められている法的権利の数が，男性の4分の3にすぎません。

　また同時に，女性の機会平等を促す改革に取り組んでいる70％（131ヵ国）では，合計274件の法規改正が行われ，女性の経済的インクルージョン（包摂）が向上す

るなど，過去10年間で目覚ましい進歩がみられたとも分析しています。

①女性の経済的インクルージョン（包摂）は187ヵ国全体で，平均スコアが70から75へ上昇しました。

②35ヵ国で職場でのセクシャルハラスメント（セクハラと略記）防止の法律が施行され，10年間で20億人近くの女性が法的保護が受けられるようになりました。

③22ヵ国で女性の就労に関する制約が撤廃されました。

④13ヵ国で同一労働同一賃金を義務づける法律が導入されました。

なかでも，ベルギー，デンマーク，フランス，ラトビア，ルクセンブルク，およびスウェーデンの6ヵ国（アルファベット順）は，100点満点のスコアを獲得しました。これらの国々ではさまざまな改革や国民の意識改善がなされ，女性労働者の割合が増え，女性の経済的なエンパワーメントの拡大がなされていることがわかります。

それに比べて日本はどうでしょう。79.38点です。移動の自由や資産管理や年金は100点ですが，就労50点，賃金50点[8]，結婚80点，出産・子育て80点，起業・経営75点と評価されました。

日本が過去約150年間にわたって，女性のキャリア形成をめぐって政策的に取り組んできたことは先に説明したとおりですが，まだまだ改善すべき点がありそうです。2000年代半ば以降，生涯独身の女性，いわゆる「おひとりさま」が社会現象になり，結婚するにせよ，晩婚化や高齢出産も増える傾向にあります。これらが世界銀行の点数にも現れているように思えます。

ところで，小・中学校や高等学校の教科書の掲載作品には定番の小説や詩歌，漢詩（しいか）があります。主人公の多くはエリート男性の苦悩や挫折を中心に取り上げ，脇役として女性を配し，理不尽にも袖にされたり，惨（むご）い仕打ちを受ける等の姿が描かれます[9]。たとえば，次のような作品を皆さんは国語の授業などで読んだことがあるのではないでしょうか？

■森鷗外（1862〜1922年）の小説『舞姫』（1890年作）……主人公はエリート官吏（かんり）の太田豊太郎。ドイツ留学中に舞姫のエリスと恋愛して，仲間の讒言（ざん）によって免職となりますが，友人の相沢謙吉の紹介で，大臣のロシア訪問に随行したことを契機に復職します。しかし，太田の妻となったエリスは妊娠したあげくに捨てられます。

■夏目漱石（1867〜1916年）の小説『こゝろ』（1914年作）……主人公はエリート

を養成する学校の「先生」。学生時代に友人のKからお嬢さんを略奪して結婚します。教え子の「私」が先生の遺書（告白）を読んでその経緯を知ります。そして，先生の妻となったお嬢さん（静）は，母親を腎臓病で亡くします。

■中島敦（1909〜1942年）の小説『山月記』（1942年作）……主人公はエリート官吏の李徴。ある時，発狂して人食い虎となり，友人の袁傪に告白します。そして，その妻は主人公の陰で貧窮します。

　このように，小・中学校や高等学校で日本人女性が学ぶ国語の教科書には，悲しげな女性像が描かれたものが多く，女性が共感できるロールモデルを見いだすことは難しいように思えます。

　2020年の現在，高等学校の学習指導要領の改訂が進みつつあり，高校生の必修科目として「現代の国語」と「言語文化」が設けられ，選択科目としてはデータや解説文を読み解く「論理国語」，AO・推薦入試対策の「国語表現」，入試対策の「古典探究」，そして文芸作品を鑑賞する「文学国語」が用意されつつあります。「文学国語」を除けば，上記の3作品のような定番の作品群が目に触れる機会は，少なくなりそうです。

　2019年1月，日本文藝家協会（2011年設立）はこうした改訂を憂いて，近代文学の金字塔がいつまでも教科書に残るよう抗議しました。定番を残しつつ，女性のロールモデルを示すような，文学作品や国語教育の教材の誕生が待たれます。

（3）100年前から続く母性保護論争

　昨今，「リケジョ」「歴女」「仏女」等のように教養がある女性や，「けんせつ小町」「トラガール」「林業女子」などのようにブルーカラーで男性も顔負けに力仕事をする女性を，特別な存在であるかのように誇張する俗語が流行しています。

　そもそも女性が学問を身につけ，就職し男性並みに働くことに関して，日本だけがとても保守的であったというわけではなく，約440万年続く人類史を顧みれば（男性が記録して続けてきた歴史からみれば），ごく最近になって女性を主体として捉え直すようになったといえます。だから，女性に教養があることや力仕事をすることを，今までの常識に照らして特別視するのも仕方のないことでしょう。また同時に，20世紀後半以降の新しい女性史観からみれば，別段取り上げるまでもないのにと捨て置かれたり，逆に女性差別だと怒りを抑えず異議を唱えるのも無理もないことでしょう。

　こうした従来とは違う女性，教養や技能を身につけたり，就労したり起業したりする女性をめぐって，実は100年前に日本でも論争が行われました。それは，1918

年から1919年にかけて繰り広げられた母性保護論争です。この論争は，今の日本人女性のキャリア構築のあり方を考えるうえでも参考になるでしょう。

　この論争の主役は３人います。一人目は，国家公務員（会計検査院）の娘として，東京都千代田区に生まれた平塚らいてう（1886〜1971年）です。学生時代に心中未遂事件を起こし，1911年に結婚資金を切り崩して，女性誌『青鞜(せいとう)』を発刊。1914年に５歳年下の画家と事実婚をし，その後１男１女をもうけました。そんならいてうは，妊娠・出産・育児期の女性を国家は保護すべきで，金銭的な助成を施すべきだと唱えました。1919年11月に市川房枝（1893〜1981年）らと新婦人協会を組織し，女性の集会・結社の権利獲得などを主張しました。

　それに反駁(ばく)したのが，二人目の主役，大阪府堺市の和菓子屋の娘である与謝野晶子（1878〜1942年）です。６歳年上の歌人，与謝野鉄幹（1873〜1935年）と不倫関係になり，1901年に処女歌集『みだれ髪』を刊行。『青鞜』創刊号には「山の動く日来(きた)る」の一節で有名な詩を寄せました。３男４女をもうけた後，鉄幹を追ってフランスへ旅立ちました。そんな晶子は，平塚の母性保護を非難し，女性の経済的自立を主張しました。1921年には文化学院を運営しつつ，さらに３男２女をもうけ，創作活動を続けました。

　そして三人目の主役が登場します。水戸藩の弘道館（1841年仮開館）の初代教授頭取の血を引き，東京都千代田区に生まれた山川菊栄（1890〜1980年）は，1916年に10歳年上の社会主義運動家，山川均（1880〜1958年）と結婚し，母性保護論争では平塚と与謝野の双方を認めつつも，社会主義の立場から，差別のない社会でしか婦人の解放はありえないと唱えました。1921年には日本初の社会主義婦人団体である赤瀾会(せきらんかい)を結成し，平塚や新婦人協会を攻撃しました。

　ことわざに「子に過ぎたる宝なし」とありますが，子供は国家の宝と言ったのは戦前までの話です。妊娠・出産・子育てまで国家がどれほど面倒をみるべきか，いや母親は経済的に自立して稼がねばならないと言うか，はたまた弱い女性をみんなで助け合いましょうと言うか，今日の自助（個人）・互助（近隣）・共助（保険）・公助（行政）にも通じる論点で，考えさせられるものがあります。

　なお，この母性保護論争が始まる少し前に，教育者の新渡戸稲造（1862〜1933年）は，「良妻賢母となるよりも，まず一人のよい人間とならなければ困る。教育とはまずよき人間になるために学ぶことである」と説いていました。その新渡戸は，米国留学中にクエーカー（英語でQuaker）の女性と結婚し，帰国後の1900年に『武士道』を英文で出版し（日本語訳は1908年発刊），その後，国際連盟（1920〜1946年）の事務次長を1920年からの６年間も務めた御仁(ごじん)です。

（4）自由にキャリアを描く環境

　この本が誕生した2020年現在，日本人女性は，労働力としておおいに期待されています。少子・高齢化に伴い，1997年を境に生産年齢人口が減少傾向にあり，経済や財政を支える人材として，高齢者や外国人労働者とともに，女性の存在が注目されています。もちろん，第4次産業革命の進展で，第1章で述べたとおり，AIやロボットに代替される可能性が高い業務も多くあります。

　ここで大切なのは，政策誘導によって，日本人女性が故意に労働を強要されるのではなく，あるいは働かざるをえない状況に陥るのでもなく，むしろこれをチャンスと捉え，就労や再雇用，あるいは起業に目覚め，自身の潜在力や可能性を広げることです。

　なにより，日本人女性のキャリアをめぐる約150年の歴史を経て，法制度や税財政面での支援策が整いつつあります。

　たとえば，働く女性が妊娠・出産・子育てをする場合，ことわざに「三つ子の魂百までも」とありますが，かつては子供が3歳になるまでは母親（生母）が養育すべきであるとする，いわゆる3歳児神話が日本にありました。いまでも地域や家庭によっては根強く残っているかもしれません。子供を抱えながら働く女性は，多くが後ろめたい気持ちでわが子を保育施設等に預けてきました。子供が怪我や感染症などで体調不良の際は，申し訳ない気持ちで有給休暇をとるか，早退をしなければなりませんでした。

　今では，労働制限，就業制限，あるいは産前産後休業（産休と略記）[10]や育児休業（育休と略記）[11]，出産・養育時の諸手当（現金支給）などの制度が整い，仕事と妊娠・出産・子育てとの両立がしやすくなりました。

　妊娠時に，企業・団体で精神的・肉体的嫌がらせ，等級の降格，部署の異動などがあった場合は，マタニティハラスメント（マタハラと略記）として認識されるようになりました。

　また，出産後の産後休業（産休）は労働基準法により出産の翌日から8週間取得でき，早くて生後59日目から0歳児の認可保育施設などに預けて，産休明けに職場へ復帰できます。

　さらに，就学前の子育ての時期には，待機児童対策[12]や病児保育[13]，病後児保育などが充実しています。就学後の児童・生徒の子育て段階に至れば，放課後や週末の居場所づくりとして，公立の放課後児童クラブ（学童クラブ）や民間の学童保育（公設民営を含む）などが充実しつつあります。

　子供が就学するまでの間，短時間勤務と子育てを両立させることも可能となり，

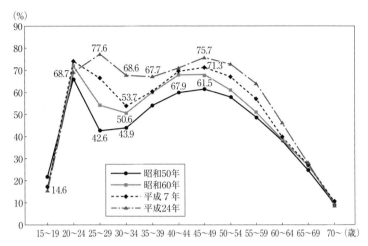

(備考) 1.　総務省「労働力調査 (基本集計)」より作成。
　　　 2.　「労働力率」は，15歳以上人口に占める労働力人口 (就業者＋
　　　　　完全失業者) の割合。

図4-1　M字カーブ (女性の年齢別労働力率) の変化
出典：総務省「労働力調査」

ある程度成長した後に出産前と同じ勤務態勢で復職することも可能となりました。
そして，図4-1が示すとおり，日本人女性の働き方を象徴するM字カーブに，変
化が現れつつあります。長い年月を経て，30代を中心とする底の傾斜が徐々に緩や
かになってきています。これは，結婚などのライフイベントを乗り越えて，仕事を
続ける女性が増えたことを意味します。

（5）待ち焦がれる新しいロールモデル

とはいえ，妊娠・出産・子育ての時期の働き方は改善したとしても，企業・団体
における女性の働き方そのもの，いわば質が問われます。深刻な実態を示すいくつ
かの数字を示せば，理解できるかと思います。

①働く女性の56％が非正規雇用で，男性の場合は22％が非正規雇用です（2018
年平均，総務省統計局調べ)[14]。

②すべての上場企業で，女性役員 (取締役・監査役) は3.7％しかいません (2017
年，内閣府調査)。

③上場企業2,316社で，女性役員は4.9％しかいません (2019年3月末時点，東
京商工リサーチ (1892年創業) 調査)[15]。

④上場企業など663社で，女性が課長相当職以上は5.7％しかいません (2018年
5〜7月時点，日経リサーチ (1970年創業) 調査)[16]。

　男女雇用機会均等法（1985年公布）ができて35年経ちますが，当初描いた理想どおりには上手くいっていないようです。管理職（課長相当職以上の意思決定層）の比率は圧倒的に低く，次代を担う働く女性（非役員）の大半が非正規雇用である現実があります。

　日経平均株価を構成する225社のうち3月期決算の170社で，女性役員（取締役・監査役）の割合は66％（112社）と聞けば，女性の可能性を感じさせますが，経団連理事25人がずらりと横一列に並んで会見する様子を見ると，一人も女性はいません。外国籍もゼロ。創業者もゼロ。最年少でも60歳以上。海外駐在経験がある人は一桁です。30年以上変わらぬ経済界の現実を思い知るようで，著者は寂寞（せきばく）の感に襲われます。

　世界市場トップレベルのプロバイダーである米国デル・テクノロジーズ（2013年創業，Dell Technologies）は，毎年夏に「女性が起業しやすい都市ランキング」を発表しています。これは，女性の創業を支援すべく，都市の指導者，起業家，政策立案者に各種条件の改善を促すことを意図して，世界主要50都市を，資金や市場へのアクセス，技術や教育の水準，文化の5分野72指標で評価したものです。

　残念ながら，東京は2018年に39位，2019年に34位で，ベンチャーキャピタルからの資金調達における女性の割合が低く，メンターの見つけやすさでも低い，なんとも厳しい評価でした。

　女性がいくらやる気を起こしても，それを支援する環境が整っていなければどうしようもありません。デル・テクノロジーズの2019年の調査によれば，上位20位は欧米やオセアニアの都市に占拠されています。アジアではシンガポールの21位が最高でした。日本としては，政財界の女性リーダーの数や収入の男女格差など，改善すべきところは明確です。

　そうした中，徐々にですが改善へ向けた動きもみられます。働く女性が活躍しやすい環境がもっと整備されるのを期待したいものです。

　たとえば，三菱商事（1918年創業）では女性社員の海外転勤に子供を帯同（たいどう）できる制度が設けられました。また，女性管理職比率が11％の丸井グループ（1937年創業）では，長時間労働の是正や男性の育休取得率の向上など，企業単位での意識改革が進みつつあります。

　東京商工リサーチ（1892年創業）が2019年12月に公表した「『全国女性社長』調査」によると，2010年から始めた女性社長の出身大学ランキングで，東京大学（1877年設立）が138人で9位に入り，国公立大学としては初めてベスト10位に入りました。ランキング1位は9年連続で日本大学（1889年設立）の414人で，医学部を置く東京女子医科大学（1900年設立）の317人（2位），慶應義塾大学（1858

年設立）311人（3位）と続きます。

　この本を手にした女性の皆さんは，これまで約150年間の日本人女性を取り巻く社会環境の変化に思いを巡らすとともに，ご自身のキャリア形成に前向きに取り組んでいただきたいと願います。

　本章の冒頭でキャリアをどう考えていますかと尋ねましたが，その答えのひとつとして著者の考えを示すと，家庭や学校，職場，地域社会，国際社会などで，自身の意欲，能力，および役割（娘，妻，嫁，母親，働き手など）を広げ，自分なりの学び方，働き方，そして生き方を極め，貯金のように蓄積していくことだと思います。

　そのうえで，抽象的な理念にとどまらずに，自分なりのキャリアをデザインできるよう，本書を読みながら準備していただきたいと思います。

2．キャリアデザインを身につける

　日本人女性がキャリアを描く環境が，明治維新直後の約150年前に比べて，いかに自由になったか，その変化を実感していただけたかと思います。

　とはいえ，第1章で述べたとおり，人生100年時代や第4次産業革命の到来とともに，キャリア形成の考え方は多様化しつつあると聞くと，読者の皆さんは不安になり，自分はどうしてよいものかと逡巡（しゅんじゅん）するかもしれません。あるいは，最終学歴が，就職先や結婚相手，生涯所得（生涯賃金），社会的な信用・信頼などを決定した，かつての学歴社会を懐古し，決まったレールを走るだけの人生の方が楽だと考える方もいるかもしれません。

　そこで，自分自身のキャリアを具体的に描いていくうえでの心構えを，次に述べていきたいと思います。

（1）コミュニケーション能力を磨こう
企業が求める技能・能力を理解したうえで，自分のキャリアを切り拓く

　キャリアデザインの心構えの一つ目は，人（ヒト）とのコミュニケーションを大切にすることです。出会いや対話，経験などの一つひとつを大切にし，信頼を醸成していくことが，次のキャリア形成につながっていきます。

　「社会人に最も求められている技能・能力は何か？」と女子大生をはじめ，著者が他大学で教える医学部生や歯学部生，あるいは放送大学の社会人の皆さんに尋ねると，驚くことに共通してコミュニケーション能力を挙げます。

　また，第2章（pp.34–35）でも触れましたが，経団連が加盟企業に毎年行っている「採用選考時に重視する要素」のアンケート調査によると，図4–2のとおり，16

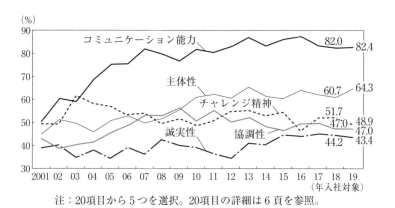

注：20項目から5つを選択。20項目の詳細は6頁を参照。

図4-2　経団連の調査：企業が採用選考時に重視する要素（上位5項目の推移）
出典：一般社団法人 日本経済団体連合会「新卒採用に関するアンケート調査結果の概要」

年連続でコミュニケーション能力が首位を占めています。就職前の学生をはじめ，社会人や企業経営者は，揃ってコミュニケーション能力が最も大切だと考えているのです。

　実社会に出ると一人で完結する仕事はほとんどありません。具体的に触れれば，たとえば製造業において，顧客や取引先を満足させる提案を考える場合に，製品開発・製造・サービスなどの各エンジニア，マーケティング・販売などの各担当者，デザイナーなどが集い，社内横断型の組織（タスクフォースやプロジェクトチームなど）をつくり，それぞれが連携して運営されます。職場環境の異なるさまざまな分野の人材が集まりますから，円滑なコミュニケーションが図れていないと，仕事の優先順位や資源配分の問題が発生し，個人間の対立に発展する可能性があります。また，上司や部下，同僚とのホウ・レン・ソウ（報告・連絡・相談）も不可欠です。ほかにも，顧客のクレーム処理，取引先へのプレゼンテーションなど，業務を遂行するうえで，意思疎通を図る能力が大切です。

　会議や会話の対象は，つねに人（ヒト）です。最近はAIやロボットを活用する場面が増えてきましたが，それでも人と人とが対面し対話することが，社会活動や信用・信頼醸成の根底にあることに変わりはありません。相手の思考や心情などを配慮した，聞き方や話し方がどの程度できるかが求められます。①聞く姿勢や②言葉遣いはもちろんのこと，③話を切り出すタイミングや④話す手順など，気配りや目配りの行き届いた言動が期待されます。社内・社外を問わず，社会人として，上手にコミュニケーションを図ることができるか否かが大切なのです。

　これらのことを加味すると，なぜ今，コミュニケーション能力がもっとも重要視されるのか，日本語のみならず外国語でのコミュニケーションも想定したうえで理解していただけたことかと思います。

（2）Connecting The Dots（点と点はやがてつながる）
今，夢中になっていることが，将来の夢の実現にきっと役立つはず

　キャリアデザインの心構えの二つ目は，いろいろな出会いや対話，経験などがいつか結びつくということです。

　米国IT機器大手のApple Inc.（1977年創業）創業者のスティーブ・ジョブズ（Steven Paul Jobs, 1955～2011年）が，2005年6月12日に米国スタンフォード大学（1891年設立）の卒業式で行った有名なスピーチを，動画共有サービスのYouTube（2005年創業）で見たり，原文を読んだりしたことがある人もいるでしょう。そこで彼は，「Love and Loss」（愛と敗北）や「Stay Hungry. Stay Foolish」（いつも奢らず謙虚に）など，短いながらもとても有意義なメッセージを大学卒業生に贈っています。なかでも「Connecting The Dots」（点と点とはやがてつながる）という言葉は，キャリアを考えるうえで多くの示唆を与えてくれます。

　「先を見通して点をつなぐことはできない。振り返ってつなぐことしかできない。だから，将来なんらかの形で点がつながると信じることだ。何かを信じ続けることだ。直感，運命，人生，カルマ（著者注：業や罪），そのほか何でも。この手法が私を裏切ったことは一度もなく，そして私の人生に大きな違いをもたらした。」

　このスピーチをご存知ない方は，スピーチの勉強を兼ねてご覧になることをお勧めします。

　ところで，「Connecting The Dots」（点と点とはやがてつながる）の事例として，僭越ながら，著者のキャリア形成の一端を紹介したいと思います。

　それは，大学教員になる前，国内航空会社に入社して3ヵ月目の出来事でした。上司から「明日は大雪警報が出ています。職場へ来ることができる時間に出社してください」と言われました。空港へアクセスする電車やバスはすべて運転見合せの見込みです。職場の先輩方に尋ねると，空港で寝泊まりするとのことです。

　こんな時，あなたならどうしますか？　「来られる時間でよい」と言うのだから，無理せず出勤できる時間でよいだろうと判断しますか？　著者の場合は違いました。なんとしても明日の早番に，通常どおりに出勤したいと直感しました。そして，同期と相談のうえ，いったん帰宅して長靴を取り，空港に一番近いホテルへ投宿しました。宿泊代は私費で負担しました。そして，雪の中を歩いて定刻どおり，朝5時に出勤しました。個人プレーではなく，新人たちの連携プレーに，上司は一様に驚きました。

　上司の業務通達を受けてから，わずか数時間後の出来事でしたが，あの行動がその後の信用・信頼へとつながり，数年後には思いがけず，皇室や国賓，政財界トッ

プなどの要路の方々，いわゆる VIP 担当の接遇を担う部署に配属となりました。職場の先輩から，「小さなことほど丁寧に。当たり前のことほど真剣に」ということを教わりました。地味で些細なことも見逃さず，一所懸命に取り組む姿勢が，明日につながると思います。著者の場合，20代で培った経験が，30代や40代で部署や職業が変わっても，仕事仲間に恵まれ，信頼を得ることへつながっています。

　実社会では，いろいろな課題に遭遇し，その都度，どの選択肢を選ぶか，自分の器量が試されます。50 ％の自分にとどめるか，100 ％の自分を出すか，いや，もっと沢山の自分を出し切って臨むか，過去の経験から推測し，自分が決定するしかありません。不可能と思った途端に，「できません」と言うのは簡単です。でも，不可能を可能にしてみようと方法を熟考し，実行に移す。これはお金で買えない，信用・信頼を生み出します。まさに，本章で伝えたいキャリアそのものです。

　計画的偶発性理論を提唱した，米国スタンフォード大学（1891年設立）大学院教授のジョン・クランボルツ氏（John D. Krumboltz, 1928 年〜）らが，その著書『その幸運は偶然ではないんです！』で言及しているとおり，予期せぬ出来事をプラスに結びつけることはできるのです。

　図4-3は，米国コロンビア大学（1754 年設立）教授のドナルド E. スーパー（Donald E. Super, 1910〜94 年）が1950 年代に提唱した，「ライフ・キャリア・レインボー」と呼ばれる理論的アプローチです。キャリアの発達を，時間軸（ライフ・スパン）と役割（ライフ・スペース）の2つの視点から捉え，虹のように描いたものです。

　スーパーは，キャリアは生涯にわたって発達すると考えて，まず人生を，成長期

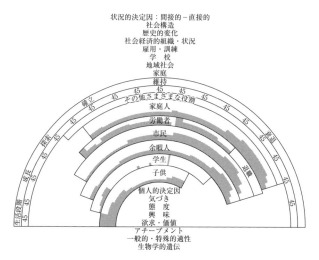

図4-3　ライフ・キャリア・レインボー
出典：渡辺三枝子（編著）（2007）：p.37.

（0～14歳），探索期（15～24歳），確立期（25～44歳），維持期（45～64歳），および衰退期（65歳以上）の五段階に分けました。次に，それぞれの年代ごとに，子供・学生・余暇人・市民・労働者・家庭人の6種類の役割をどの程度担うか，扇型の図で規定しました。

　人生100年時代や第4次産業革命と呼ばれる今日において，読者の皆さんが学生や20代の社会人だとすれば，あと50年以上にわたって，年齢とともにさまざまな役割を担うことになります。スーパーの学説は半世紀以上前のものですから，65歳以降を衰退期と捉えたのは当時としてはやむをえないでしょうが，長寿社会の今日では，65歳以降のライフ・キャリア・レインボーをいかに描くかも大きな課題といえます。

　性別を意識してライフ・キャリア・レインボーを考えた場合，女性はその前提として，出産適齢期があり，妊娠・出産などのライフイベントが控えています。いつ子供を産み育てるか，その際に家事・育児などの家庭生活を，パートナーがどの程度サポートしてくれるか，それ次第では仕事を継続できるか否かが変わってきます。第1子の出産後に仕事を続けるか否かで，生涯所得（生涯賃金）に2億円の差が出るという試算もあります[17]。また，結婚するけど，出産せずに働き続けるという選択肢や，結婚も出産もしないけど，子供が欲しいので養親になる（養子縁組）という選択肢もあります[18]。さらに，自分自身やパートナーの転勤・出向などに伴う生活環境の変化もありえます。

　また同時に見落としてはいけないのは，キャリアを積む場所の問題です。読者の皆さんがキャリアを描く場合，首都圏や大都市圏に住むのか，あるいは地方都市に住むのか，どちらを選ぶかで仕事や子育て等の環境は異なってきます。

　日本生産性本部（1955年設立）が東日本大震災（2011年）を契機に組織した日本創成会議（2011年設立）では，2014年5月に「ストップ少子化・地方元気戦略」を発表しました（分科会座長は元岩手県知事で元総務大臣の増田寛也氏（1951年～）です）。

　1945年以降続く大都市圏への人口流入（累計約1,200万人）が今後も進んだ場合，約1,750ある市区町村（基礎自治体）のうち，896が2040年には消滅する可能性があると予測しました。人口流出が続き，出産・子育てが期待される若年女性（20～39歳）が半分以下になる，そうした地方公共団体を「消滅可能性都市」と名づけました。同時に，若者世代の雇用や子育ての環境づくりが必要であるとともに，地方の拠点都市づくりが急がれると提言しました。

　自分のキャリアをどこでどのように積んでいくのか，描く際には具体的に想定することが不可欠です。

　いろいろと想像すると，あれはどうするこれはどうすると選択肢が多すぎて混乱したり，なんだか憂鬱になるかもしれません。ただ肝心なことは，これらを視野に入れたキャリア形成を，若い段階から心がけることです。

　ここでは，「Connecting The Dots」（点と点とはやがてつながる）との関連で，妊娠・出産や育児などで，キャリアが断絶した時の対処法について触れておきたいと思います。

　定職をもった独身女性の場合，お金も時間も自分の裁量で比較的自由になるかと思います。ところが，家庭を築いた場合，炊事・洗濯などの家事をいかにパートナーと分担するかが考えどころです[19]。マイホームや自動車などの資産を所有した場合，長期的な資金繰りの目処を立てる必要があります。子供を出産し養育するともなれば，教育費をいかに捻出するかも大問題です。子供の貧困割合（相対的貧困率）は 2009 年頃より社会問題化してきました。2019 年度以降，幼児教育・保育の無償化や高等教育の無償化が進んでいますが，資産状況とともに産児数や出産間隔などに計画性をもつことが大切です[20]。

　結婚・出産に伴いフルタイムの正職員を辞めることも，従来から多くの日本人女性が選んできた選択肢のひとつです。あるいは，数年間は子育てに専念して，その後に復帰することを想定するのも賢明な選択でしょう。その場合，それまでに築いた人脈や経験，知識・技能などの独自のキャリアが有効に作用します。その時に備え，貯金のようにキャリアをコツコツと蓄えることが肝要です。一時断絶したキャリアも，それまでのキャリアの貯金次第で，速やかに回復し，大胆に変化・変身を遂げることができるものです。

　多様な選択肢は，当然ながら仕事内容ばかりではなく，仕事から得る賃金も異なってきます。日本において，非正規雇用と正規雇用とでは生涯所得（生涯賃金）がかなり違ってくるとする研究もあります。これは厚生労働省の「賃金構造基本統計調査」等に基づくものですが，データの集め方や時期によって異なる分析結果になります。生涯に得られる金額はいくらか，その具体的な金額はともかく，雇用形態の違いによる所得の格差が発生することも念頭に置くべきでしょう。

　いずれにせよ，いつどこでつながるかわからない出会いや対話，経験なども，時間の使い方次第でキャリア形成につながる，まさに The Dots（やがてつながる点）になるのです。時間の使い方の要諦として，仕事や学業に追われている時でも，技能・知識を修練し，感性を磨き（自然や芸術，伝統文化などに触れる），人脈づくりに励むなど，自分への投資を惜しまず，自己研鑽に励むことを心がけるべきでしょう。

（３）人生のトランジション（転機）を乗り越える

　キャリアデザインの心構えの三つ目は，人生のトランジションに備えるとともに，遭遇してしまった場合にいかに乗り越えるか，その折り合いのつけ方です。

　たとえば，子供が誕生した場合，家庭を取るか仕事を取るかで悩みます。不妊治療を受ける場合，体力と金銭の負担が増え，仕事を辞めるか悩みます。事故による疾病や宿痾となった持病を抱えた場合，治療と仕事の両立を悩みます。パートナーの転勤が決まった時，自分のキャリアを継続すべきか転職すべきか悩みます。家業を営む親が亡くなった時，自身のキャリアを優先すべきか事業承継すべきか悩みます。勤務する企業・団体が経営破綻に陥り，倒産（手形不渡りで金融取引停止など），破産（債務不履行で清算など），あるいは廃業（後継者不足で法人登記抹消など）となるリスクもゼロではありません。こうした想定外の事態や不可抗力の事態に遭遇し，職場環境や仕事内容の変化に伴って，ストレスが増し，場合によってはうつ病等の精神障害を患う可能性も高まります。

　それまで築いてきたキャリア，お金に換算できない資産を，誰もが失いたくはありません。でも，キャリアに関する理論をいくら学んでいても，また，自分に適した職業選択ができたとしても，自己の身体的要因や心理的な要因，あるいは社会的な要因などによって，想定外の事態や不可抗力の事態は起こりうるもので，完全にリスクを排除することはできません。でも，リスクを最小化する術，あるいはできるだけ小さくする方法はあります。

　米国メリーランド大学（1856 年設立）名誉教授のナンシー・シュロスバーグ氏（Nancy K. Schlossberg, 1929 年～）は，その著書『「選職社会」転機を活かせ』において，予測だにできない人生のトランジションとして，結婚・出産・離婚，自身やパートナーの転勤・転職・失業，家族の介護・看病・死別などを挙げ，それらの乗り切り方を提起しました。

　それはまず，①状況（英語で Situation），②自己（Self），③支援（Supports），および④戦略（Strategies）の４つの S を点検して，次に戦略を選び取り，さらに行動計画を立て，変化を受け止めることが肝要であるといいます。

　また，米国マサチューセッツ工科大学（1861 年設立）元教授のエドガー・シャイン氏（Edgar Henry Schein, 1928 年～）は，自分を取り戻し，安定させる拠り所として，「キャリア・アンカー」という概念を提起しました。これは，船を停泊させるための錨に譬えて，仕事や日常生活における判断基準となる価値観に着目したものです。勉強や仕事の積み重ねで形成され，殊にキャリアを選択する際には次の３点に着目すべきだといいます。

① 才能と能力について，自分のできることは何か。

② 動機と欲求について，自分のしたいことは何か。

③ 意味と価値について，自分のしていることに価値はあるのか。

　多くの経験を積み重ねることで，自分自身のキャリア・アンカーをより明確に認識することができるようになり，不測の事態に陥（おちい）った際にも，判断を迷わず，迅速に初期行動に移ることができることでしょう。経験が少なければ，自己の認識も曖昧で，パニックに陥るリスクは高まるでしょう。

　さらに，京都産業大学（1965年設立）元教授の後藤文彦氏（1940年～）は，「5人の私」という概念を提唱しています。

　これは，図4-4のとおり，自分の心の中に「5人の〈私〉」，すなわち，①厳しい私，②やさしい私，③考える私，④合わせる私，および⑤自由な私がいると想定して，どれかに偏（かたよ）ることなく，それらの間を往還できるように，調整する力を育てることが大切であると結論づけています。人生のトランジションに備えて，「5人の〈私〉」を若い段階から養うことが必要でしょう。

　余談ですが，後藤氏は「5人の〈私〉」という概念を編み出した背景について，その著書『幸せを求める力が育つ大学教育』で，心理学の交流分析や透過性調整力といった概念を参考にしたと述べています。

　心理学と聞くと，難解と感じるかもしれません。でも，家庭生活や職業生活を営むうえで，自分自身や他者の感情や思考などを理解する手助けになります。専門誌に掲載された学術論文を読むことは容易（たやす）いことではありませんが，テレビや新聞などで発言する有識者の情報のなかには，そうした学術研究を論拠にした役立つ知見

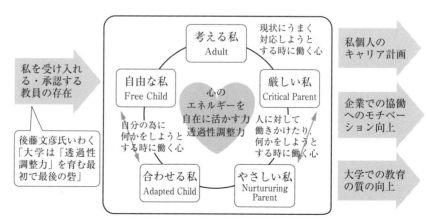

図4-4　「5人の〈私〉」を往還して調整する「透過性調整力」を育てる
出典：後藤文彦（2017）を参考に，著者が要約したうえで加筆したもの

もあふれています。社会人になった後も学び続ける姿勢のヒントになることでしょう。

（4）キャリアは何度でも修正できる
自分に厳しすぎず，でも甘やかさず，柔軟さが大切

　キャリアデザインの心構えの四つ目は，キャリアはいつでも修正できるということです。高い目標を掲げ，計画どおりに達成できるか疑心暗鬼になり，また目標を修正することを躊躇しがちです。でも，いつでも軌道修正は可能です。なんといっても，自分の人生ですから，少しばかり目標やスケジュールを変更しても構いません。ましてや現在は「予測困難な時代」[21]，あるいは人生100年時代や第４次産業革命といわれるご時世です。中長期的な計画を描くのは容易ではありません。

　著者は現在，いくつかの大学の教員を兼務していますが，2006年以降は実務技能検定協会が実施する秘書技能検定（文部科学省後援）の面接試験官も務める等，ボランティア活動も含めると複数の領域で仕事をしています。大学時代に就職活動をしていた頃を振り返ると，まさか将来，大学教員になるとは夢にだに予想していませんでした。遠回りをしたようにも解釈できますが，民間企業での実務経験や子育ての経験があったからこそ，今の自分がいるのだと常々思います。

　また，当時はバブル経済崩壊後の就職氷河期（1993〜2005年頃）と重なり，第一志望の国内航空業界は新規採用を行わないことから，大学卒業後は都市銀行へ就職しました。でも落胆することなく，まずは内定をいただいた企業で，そして新しい職場で，社会人としての基礎づくりをしようと決心して，社会人１年目をスタートしました。入社当初は電話や来客対応をスムーズに行えません。そこで，支店内の誰よりも早く出社し，机をふきながらすべての行員（約80人）の名前や部署などを覚えることから始めました。そして間もなく航空業界の採用が再開し，20代半ばに航空会社へ転職することが叶いました。

　キャリア形成の過程を語る時，前述の「Connecting The Dots」（点と点とはやがてつながる）の如く，事後正当化はつきものです。後になって振り返った時，過去の出来事の意味合いが変わってきます。過去の出会いや対話，経験などを記憶し，未来のキャリア形成にいかに役立てるか，常に内省（リフレクション）を繰り返すことが肝要です。

　学生の間は好きな仲間と交友し，好きな時間にアルバイトをして，好きな時間に勉強ができ，自分の心がけ次第でいかようにも変わります。一方，社会人は，本人の意思との齟齬はつきもので，いかに感情をコントロールし，前向きに働くかが問われます。学生時代の経験も，気の向かない仕事も，未来のキャリア形成にどう役

立てるか，本人の心がけ次第で変わります。

　読者の皆さんは，おそらくこれからさまざまな人生の岐路に遭遇することでしょう。後になって振り返る時，「あの決断に悔いなし」と胸を張ることもできれば，「もう少し頑張ればよかった」と反省することもあるでしょう。一つひとつの小さな出会いや対話，経験などは，不思議とどこかでつながり，やがて大きな成果となって実るものです。大きな成功は，小さな成功，元をたどれば小さな気づきが積み重なって得られるものです。

　英国ロンドン・ビジネス・スクール（1964年設立）教授のリンダ・グラットン氏（Lynda Gratton, 1955年〜）らは，その著書『LIFE SHIFT』で，人生100年時代は，「教育 → 仕事 → 引退」という直線的な人生ではなく，就職した後も幾度も学び直しを繰り返していく，「人生のマルチステージ化」を強調しています。

　再び著者自身の話で恐縮ですが，30代半ばで結婚，出産，育児を経験し，長男が1〜4歳の時に子育てをしながら大学院へ通い，心理学や経営学などを学び直しました。そして，40代で大学教員となり，久々に組織人として再スタートしました。

　20代で体験した人間関係や仕事の仕方などは，40代で直面する業務とはほとんど異なります。でも，コミュニケーションをとりながら，一緒に仕事をする方々への姿勢，たとえば，気遣いや丁寧さ，迅速さ，正確さなどは，年齢は異なれども変わらぬ，自分らしさを大切にしようと心がけています。

　読者の皆さんのうち，もしも大学生で就職活動をされるならば，四年制大学ならそこに至る約3年間に，また短大生ならば約1年間に，自分が社会人になったらどんな働き方をするのか，人生で最初の社会人としての立ち居振る舞いを想定して過ごしていただきたいと思います。

■註

1：立身とは社会的に一角の（一際優れた）人物になるという意味です。また治産とは，財産を管理活用するという意味です。さらに昌業とは，生業とする商売が繁盛するという意味です。

2：「法の下の平等」を保障した日本国憲法が1946年11月3日に公布されたのに先立ち，1945年11月21日に治安警察法（1900年施行）が廃止され，同年12月17日に改正衆議院議員選挙法が公布されました。米国の女性たちが参政権を手に入れたのは，1920年に米国憲法修正第19条が批准された後のことです。皮肉なことに，日本人女性は敗戦によって参政権を獲得したことになります。なお，2020年現在で女性参政権を認めていない国として，バチカン市国やサウジアラビア等があります。

3：雇用の分野における男女の均等な機会及び待遇の確保等に関する法律。

4：育児休業，介護休業等育児又は家族介護を行う労働者の福祉に関する法律。

5：女性の職業生活における活躍の推進に関する法律。

6：2010年の大学設置基準の改正によって，すべての大学は「教育課程の内外を通じて社会

的・職業的自立に向けた指導等に取り組むこと」が求められ，専門知識や教養だけでなく，社会的・職業的自立や社会への円滑な移行に必要な力を身につける場となりました。

7：世界銀行（1944年設立）は2008年以降，世界187ヵ国を対象に，8つの指標にわたるデータ収集・分析を行う，「女性・ビジネス・法律（WBL＝Women, Business and the Law）」プロジェクトを継続して実施しています。

8：日本における男女間の賃金格差（パートタイム以外の労働者）は厚生労働省が毎年6月に行っている「賃金構造基本統一調査」によると，1990年以前は男性100に対して女性60前後で推移し，1990年代以降は縮まる傾向にありますが，2018年には約75にとどまっています。賃金格差が生じる要因は管理職比率の低さ，勤続年数の短さ，離職率の高さなどがあり，解決策として，業務内容，配置，人事評価（労働生産性）など能力を発揮できる雇用環境の整備があります。

　　なお，米国の国政調査局の統計では，収入の比率は男性1ドルに対して女性は80セントです。女性の休暇期間を考慮して15年のスパンで試算した場合，男性1ドルに対して女性は49セントとなり，格差はさらに広がります。

9：学校教育法（1947年公布）によると，文藝（小説・詩歌）は音楽や美術と同様に藝術として定義され，「生活を明るく豊かにする」効能あるとされています。

10：産前産後休業（産休と略記）を取得する場合，あなたが勤務する企業・団体が健康保険組合を組織していない場合は，①産前産後休業中の社会保険料の支払い免除を年金事務所（2010年設置。社会保険庁・社会保険事務所の廃止に伴い，日本年金機構が運営する窓口機関）へ申し出て，②出産手当金を取得するには全国健康保険協会（協会けんぽと略記，2008年創業）へ申請し，さらに③無事に出産した後に出産育児一時金を取得するために同様に協会けんぽへ申請する必要があります。

11：育児休業（育休と略記）を取得する場合，あなたが勤務する企業・団体が健康保険組合を組織していない場合は，①年金事務所へ申し出れば社会保険料が免除され，②公共職業安定所（ハローワーク，都道府県労働局が運営する雇用などの窓口機関）へ賃金月額証明書と育児休業給付受給資格確認票を提出すれば育児休業給付金を取得することができます。

12：厚生労働省は，保育園に入れない待機児童を解消して女性の就業率8割を実現すべく，「子育て安心プラン」（2018〜2020年度）を作成して，3年間で32万人分の受け皿整備を目標に掲げました。2018年度に約11.2万人分（地方公共団体が整備する施設で約8.6万人分，企業主導型保育施設で約2.7万人分）が整備され，2019年3月時点の集計では，3年間で合計約29.7万人分が拡大する見込みになったとのことです。子育てしながら働く女性の意向（潜在的ニーズ）などを，地方公共団体の保育コンシェルジュなどが把握して対応しています。

13：病児保育には施設型と保育型がありますが，地方公共団体によって充実度は異なります。また，病児をケアする資格としては，①看護師（厚生労働省が定める国家資格），②准看護師（都道府県知事が定める資格），③医療保育士（厚生労働省が定める国家資格），④医療保育専門士（日本医療保育学会が認定する資格），⑤病児保育専門士（保育士または看護師で2年以上の実務経験を要する，一般社団法人全国病児保育協議会が認定する資格），⑥認定病児保育スペシャリスト（一般財団法人日本病児保育協会のウェブ講義・試験・実習を経て認定する資格）などがあります。

14：総務省統計局「労働力調査（詳細集計）平成30年（2018年）平均（速報）」（2019年2月15日）：p.21.「雇用形態別雇用者数」のうち，役員を除く雇用者数で算出したものです。

15：企業信用調査会社の東京商工リサーチ（1892年創業）によると，2019年3月期決算の上場企業2,316社のうち980社に1,319人の女性役員がいますが，役員全体の4.9％にすぎませ

ん。しかも，980 社のうち 207 社で，2018 年度に女性役員が誕生したばかりです。

16：日経リサーチ（1970 年創業）が上場企業など 663 社を対象にした調査（2018 年 5 〜 7 月実施）によれば，課長相当職以上（ライン職）の女性比率は，平均で 5.7 ％でした。

17：労働政策研究・研修機構（2003 年設立の厚生労働省所管の独立行政法人）が 2011 年から行っている「子育て世帯全国調査」の第 5 回調査（2018 年 11 〜 12 月実施，調査対象約 2,000 世帯）によると，第 1 子出産後の女性の就業継続率は，二人親世帯が 35.1 ％，母子世帯が 36.3 ％で，いずれも上昇傾向が続いています。

　　また，二人親世帯の母親（平均年齢 41 歳）が，第 1 子出産後も仕事を続けた場合，仕事をいったん辞めた場合に比べて，①就業率は 91.1 ％対 63.3 ％，②正社員比率は 50.0 ％対 9.1 ％，③年収 300 万円以上の比率は 30.8 ％対 5.9 ％，④大企業や従業員 300 人以上の大企業勤務は 32.1 ％対 19.0 ％であることが判明しました。

　　さらに，同機構の周燕飛主任研究員（1975 年〜）の試算によると，仕事を中断することで，高卒で 1 億円，四大卒で 2 億円の生涯所得を失うといいます。

18：子供が実親との親子関係を残して，養親の養子となることを普通養子縁組といい，戸籍上「養子」と記載されます。当事者の合意が前提となり，市役所等への届出が必要です。また，子供が実親との親子関係を断ち切って，養親の実子と同じ扱いになることを特別養子縁組といい，戸籍上「長男」などと記載されます。家庭裁判所の判断が前提となり，実親の同意が原則必要ですが，虐待や育児放棄（ネグレクト）などの場合は不要です。なお，里親制度と混合されがちですが，里親委託とは，実親の生活が安定するまでの間，子供を一時的に養育する制度で，戸籍上の親子関係は発生しません。

19：男性の育児休業（育休と略記）取得率について，政府は 2020 年までに 13 ％の目標を掲げますが，2018 年度実績で 6.16 ％と大きな開きがあります。

　　2019 年度の内閣府の調査によると，69.8 ％の男女が育休を取得したいと回答する半面で，人手不足や組織風土がネックになっているといえそうです。育休を取れない理由は，①「周囲が忙しすぎて言い出せる雰囲気でない」が 49.4 ％，②「人員が不足し職場や取引先に迷惑をかける」が 44.2 ％，③「その後のキャリアに悪影響が出るおそれがある」が 35.5 ％，④「育休中の手取り収入が減る」が 28.2 ％と続いています。

　　なお，米国のシンクタンク・女性政策研究所（IWPR，1987 年設立）の調査によると，米国において無収入で 1 年以上の長期休暇を取ったことがある男性の割合は 23% であるのに対して，女性の割合は 43% でした。その理由の多くは育児や介護でした。

20：幼児教育・保育の無償化が 2019 年 10 月 1 日以降始まりました。幼稚園・保育所・認定こども園などを利用する 3・4・5 歳児クラスの子供たちの利用料，および住民税非課税世帯の 0・1・2 歳児クラスの子供たちの利用料が無料になりました。また，高等教育の無償化が 2020 年 4 月 1 日以降に始まりました。住民税非課税世帯とそれに準ずる世帯の大学・短期大学・高等専門学校・専門学校へ通う学生を対象に，授業料・入学金が免除または減額，返還を要しない給付型奨学金が大幅に拡充されました。なお，住民税非課税世帯とは，所得だけでなく扶養人数など世帯全体の状況により異なってきます。また，市区町村が発行する「住民税非課税証明書」，あるいは「住民税証明書」や「住民税所得証明書」で証明する必要があります。

21：中央教育審議会大学分科会大学教育部会が 2012 年 3 月 26 日に取りまとめた『予測困難な時代において生涯学び続け，主体的に考える力を育成する大学へ』（審議まとめ）に基づく，時代環境の認識を指します。

■引用・参考文献

稲盛和夫（2009）『働き方〜「なぜ働くのか」「いかに働くのか」〜』三笠書房

岩下久美子（2001）『おひとりさま』中央公論新社

牛窪恵（2004）『男が知らない「おひとりさま」マーケット』日本経済新聞出版社

ジョン・クランボルツ，A.S. レヴィン，花田光世（訳），大木紀子（訳），宮地夕紀子（訳）（2005）『その幸運は偶然ではないんです！』ダイヤモンド社

リンダ・グラットン，アンドリュー・スコット，池村千秋（訳）（2016）『LIFE SHIFT〜人生100 年時代の人生戦略〜』東洋経済新報社

後藤文彦（2017）『幸せを求める力が育つ大学教育』ナカニシヤ出版

ナンシー・K. シュロスバーグ，武田圭太（訳），立野了嗣（訳）（2000）『「選職社会」転機を活かせ〜自己分析手法と転機成功事例 33〜』日本マンパワー出版

相馬黒光（1999）『黙移　相馬黒光自伝』平凡社

ジェニファー・ペトリグリエリ，高橋由香里（訳）（2020）「デュアルキャリア・カップルが幸せになる法〜誰もが迎える転機にどう向き合うか〜」『DIAMOND ハーバード・ビジネス・レビュー』2020 年 2 月号，pp.26-39.

渡辺三枝子（編著）（2007）『新版キャリアの心理学〜キャリア支援への発達的アプローチ』ナカニシヤ出版：p.37

――――――――――――――――――――――――――――― 第 4 章のポイント◆

- 日本人女性のキャリア形成を支援する法制度や税財政面での支援策は，明治維新以降の約 150 年にわたる歴史を経て充実してきました。

- 日本人女性の働き方を象徴する M 字カーブ（女性の年齢別就業率）は変化しつつありますが，女性職員の 5 割以上は非正規雇用で，女性役員は 1 割未満で，「女性が起業しやすい都市ランキング」では厳しい評価にあるのが現状です。

- 自身のキャリアを具体的に描いていくうえでの心構えとしては，①コミュニケーション能力を磨くこと，②今，取り組んでいることが将来の夢につながると信じること，③人生のトランジション（転機）を乗り越えるべく自分の信念を変えないこと，および④何度でも修正できると柔軟に捉えることが挙げられます。

第 **5** 章

マネジメント感覚

キーワード：リーダーシップ，モチベーション，見える化（可視化），エンゲージメント

1．マネジメント感覚とは何か

（1）リカレント教育が「生産性改革」になるかどうかはあなた次第

　30 歳の若さで米国シカゴ大学（1890 年設立）の総長となったロバート M. ハッチンス博士（Robert Maynard Hutchins, 1899〜1977 年）は，専門教育や職業志向を排除した大胆なカリキュラム改革や生涯学習[1]などに取り組んだ教育者として有名です。そのハッチンス博士が 50 歳になった，第二次世界大戦（1939〜1945 年）後の 1949 年に，こんなことを述べています。

　「われわれの時代の特徴のうち，最も予期せざるものは，人の生き方において，あまねく瑣末化（英語で Trivialization）が行きわたっていることである」「専門家というのは，専門的能力があるからといって，無教養であったり，諸々の事柄に無知であったりしていいものだろうか」

　もう 70 年も前のことですが，リカレント教育が広がりつつある今の日本（人）にとって，とても大事なことを述べていると思います。

　日本企業の国際競争力の低下の原因は，ホワイトカラーの低生産性などにあるとの共通認識が今の日本にはあります。でも，その原因をさらに追求してみると，たとえば，ERP（統合基幹業務システム）ソフトを使った事務手続きが各社でバラバラになっていて，他社では潰しが利かない，中途採用したのに即戦力にならない人材が多い等の事実に突き当たります。

　そして今，仕事帰りや週末にセミナーや大学で講義が企画されたり，企業や地方公共団体から委託されて大学が研修会を運営したり，学内に保育サービスを提供したり，e ラーニングで在宅学習を促す等のケースが増えています。受講者の多くは，日常業務にすぐに活かせる最新知識を学んだり，職場復帰するための技能を鍛えた

り，視野を広げるべく教養を身につけたり，メンタルケアや健康管理に役立てたりしているようです。

　リカレント教育は「生産性改革を推進するカギとなる」と安倍晋三（1954年〜）首相は述べ，政府も2018〜2020年度を「生産性革命集中投資期間」として位置づけ，企業に協力を働きかけています。政府が認定・指定する講座[2]などを受講する人は，育児に区切りをつけ復職・再就職をめざす女性に加え，正社員化をめざす非正規社員や，転職・起業をめざす女性が増えているようです。

　もしもハッチンス博士が生きていらしたら，なんと思われるでしょうか？　「残業時間が減ったのはいいですが，休みを返上してまで自己研鑽（さん）とは，なかなか頑張りますね」とか，「でも，子育ては大丈夫ですか？」とか，「瑣末化しては本末転倒。会社の歯車にならぬよう，キャリアデザインをしっかり描いてくださいね」など。人生100年時代はもはや学歴社会でもなく，もちろん学位取得や単位履修証明書の受理が目的ではないはずです。このように，きっと貴重なご意見を拝聴できることでしょう。

（2）求められるマネジメント感覚

　著者自身は，子育てをしながら大学院での学び直しを行いました。当時，国や地方公共団体からの助成金もなく，学費はすべて自分への投資でした。そして，2011年から高等教育に携わって，まだ10年ほどです。こうして申し上げるのも甚だ憚（はばか）られるのですが，経営学や心理学などを含めたキャリア教育などを講義してきました。その際，さまざまな組織の成功事例や失敗事例をケースメソッドの題材として取り上げ，環境適応などのマクロな視点とともに，個人や集団などのミクロな言動にも着目し，その働き方や生き方を考察してきました。

　同時に，女子大生に限れば，栄養士や保育士などの実務や資格試験のほかに，地方公共団体職員や航空自衛官などの公務員試験，米国への留学，老舗百貨店や大手シティホテルなどへの就職などの進路相談に応じ，全身全霊で向き合ってきました。

　いかなる企業・団体も栄枯盛衰（えいこせいすい）を繰り返し，個人の肉体は脆（もろ）く，意思は移（うつ）ろいやすく，されども企業や個人は未来へ向けてその遺伝子は継承され，そこに刻まれる個々の技能や経験はかけがえのないものだと，教え伝えてきました。

　こうした自身の経験を踏まえると，日常生活や業務をいかに効果的・効率的に改善するか，また，想定外の事態にいかに対処するか，が常に問われています。①仕事の仕方を見直し，②事務体制の標準化や合理化が前提となります。そして，③常に企業・団体の経営全般への理解が不可欠です。これらは，入社1年目の新人でも，アルバイトやパートの非正規雇用でも，求められる能力になりつつあると実感しま

す。

　秘書技能検定（文部科学省後援）では，近年，その出題科目にマネジメントに関する基礎知識が加わりました。そもそも社会人としての基礎知識・技能を修得することを目的とした検定試験ですが，役員などの経営者と同じ視点に立ち，企業・団体の全体を見渡し，物事を考えられる能力が求められるようになりました。

　就職時・入社時の筆記試験や面接試験でも変化があります。たとえば，最近では業界を問わず，現場視察を踏まえて意見を求めたり，将来の業界の見通しや商品企画を求めたりします。分析し表現する，能動的な個人の能力が試されます。指示・命令に従順な，性能の良いロボットのような人材は求められません。

　組織全体の目標や戦略を示すリーダーとして，あるいは具体的な戦術を練って実行するマネージャーのような，マネジメント感覚が，年齢や立場を問わずに求められてきています。

2．マネジメント感覚を身につける

（1）事例1　スカンジナビア航空

　では，マネジメント感覚を鍛錬するためには，どのようにしたらよいのでしょうか？　まずは，航空会社の事例を引き合いに出し，考えてみましょう。

　石油危機（1973・79年）の後に不況続きだった航空業界にあって，スウェーデンのスカンジナビア航空（SAS，1946年創業）は，わずか1年間で業績がV字回復しました。その原動力となったのは，39歳の若いCEOのヤン・カールソン氏（Jan Carlzon，1941年〜）です。1981年の就任時，彼が注目したのは，航空券販売係や客室乗務員といったスタッフの接客態度でした。

　闘牛士（スペイン語でMatador）が牛にとどめを刺す瞬間を，「真実の瞬間（英語でMoments of truth）」と呼び，ほんの15秒間で勝負は決まるといわれています。その真実の瞬間と同じく，顧客に接する時のほんの一瞬の服務態度が，航空会社全体の印象を決めるとカールソン氏は捉えて，その経営改革に取り組み始めました。

　組織の頂点にいるリーダーは，とかく市場に疎くなりがちで，目標設定や戦略立案で失敗を繰り返していました。また，マネージャーもスタッフに介入しがちで，マニュアルどおりのサービスしか提供できなくなっていました。

　そこで，カールソン氏は，ピラミッド型の組織運営から，全社員が能力を発揮できるような公平で平等なフラット型の組織に変革すべく，逆転の発想で組織運営に

メスを入れました。顧客に直に接する社員こそSASのヒーローやヒロインであり，現場に判断を一任するエンパワーメントを行ったのです。

　現場で良いと判断したことでも，社内規則にとらわれ，上司の決裁を仰がねば行動できない，指示待ちの習慣が身についてしまっていました。ところが改善の結果，一定の裁量権を与えられ，現場を任された社員は，責任感を抱き，顧客満足のために最善のサービスを提供できるよう，いつも努力するようになり，結果としてモチベーションが向上しました。

　また，リーダーやマネージャーは，可能な限り「真実の瞬間」に立ち会うべく，現場へ足を運ぶようになりました。自社便で出張する時は顧客の搭乗を見送った後，最後に搭乗するようになりました。また，役員専用の食堂を廃止して，スタッフと一緒にランチをする等，スタッフの考えや思いを理解するようコミュニケーションを最優先するようになりました。組織の上に立つ人みずからが，「お客様最優先」の姿勢を示すことで，「リーダーでさえ，顧客の対応に努力している」と社員が認識するようになりました。その姿勢は模倣され，組織全体に浸透していきました。

　組織全体の目標や戦略を社員全体が理解し，現場で切り盛りする社員がいろいろな戦術を試行錯誤する……そうしたコミュニケーションや姿勢が，めざすべき経営へと向かわせ，顧客や株主などの市場の評価へとつながり，SASはV字回復を成し遂げたのでした。そして，その成功の歓びを，社員全員が共に分かち合いました。

（2）事例2　全日本空輸

　現場を知るヒーローやヒロインを重んじ，全員で顧客を理解することから始め，組織全体の目標や戦略までをも立て直す……カールソン氏の経営改革は，もう40年も前のことですが，マネジメント感覚に目覚めた企業・団体をイメージするうえで，たいへん参考になります。

　ところで，航空会社にはさまざまな職種のスタッフがいて，顧客と接する部署はごく限られています。空港や航空機内で働くヒーローやヒロインは，多くのスタッフの努力に支えられていることを理解し，そうした仲間がいるから自分が働けている，という謙虚な姿勢が肝心です。カールソン氏が注目した「真実の時間」は，顧客ばかりに向けられるのではなく，上司や同僚など，同じ組織の仲間などにも同様の姿勢が求められると思われます。

　著者が航空会社で働いていた時，常にお客様の表情などを気にかけていました。それは，利用者へのアンケート調査によるテキストマイニングではなかなか出てこない，言語化されない声です。些細なことでも，いつでもメモを取り，打合せや会

議などで情報共有するよう努めました。「最近，何か気になったことはあります
か？」と上司に尋ねられた時に即答できると，同僚の意識を呼び覚まし，業務改善
などにつながります。そうした習慣は，組織全体の生産性を向上させ，組織にとっ
て無くてはならない存在と認知されるようになります。

　著者の上司は，いつも現場に出て，空港ロビーや搭乗ゲート等に立ち，業務の状
況を見守っていました。変則的な事態が起った際はすぐに駆け寄り，最優先すべき
業務を見極めて，手際よくソリューションを導き出します。航空機が無事に出発で
きた時，「次のお客様のために，笑顔！　笑顔！」などと，励ましの一言を発して鼓
舞します。スタッフは途端に相好を崩します。決して失敗を責め立てたりしませ
ん。上司は温かい目で見守り，必要な時にさっと手を差し伸べ，援護します。部下
はそんな上司に感謝し，信頼が深まり，もう二度と同じミスはしまいと内省（リフ
レクション）します。職階や立場は異なっても，同じ職場で，共通したマネジメン
ト感覚が育ち，継承されていきます。

　全日本空輸（1952年創業）では，マーケティング用語の内部顧客という考え方を
導入していました。飛行機に搭乗する利用者に限らず，自分以外の仕事仲間はすべ
て顧客であると捉えて，どの部署の人も尊重し，互いに心配りを図りいそしむとい
う思想です。

　航空会社内の業務の一部を，飛行機に乗る顧客に即して紹介すれば，ネットや電
話での予約受付に始まり，搭乗手続き → 荷物の預かり → 搭乗→ 機内サービス →
お見送り → 手荷物の返却等があります。また，職種においては，航空機の整備士，
パイロット，客室乗務員などがいます。もちろん，航空管制官や保安検査員，機内
や空港の清掃員，店舗販売員，貨物輸送などの多くの社外の方々の協力があって一
連のオペレーションが回り，それらの結果として「安心，信頼できる航空会社」と
顧客に判断されます。

　繰り返しになりますが，どんな仕事でも一人で完結することはありません。しか
しながら，これを明確に理解できている人はなかなかいません。顧客に対面して，
航空券の販売や搭乗手続き等の対応をしたスタッフは，顧客がカウンターを離れた
らそれで仕事が終わるわけではありません。カウンターで接客した担当者は，目の
前のお客様だけではなく，無事搭乗したか，予定どおり目的地に到着したか，お預
かりした手荷物が間違いなく手元に戻ったか等と気を配るものです。顧客に関する
情報が迅速に正確に伝達され，トラブルが発生した時などへの備えを万全に整えて
おくものです。そのためにも，スタッフ同士が信頼し，呼吸の合った連携を心がけ
ねばなりません。

　皆さんは日常生活を送る中で，いろいろなサービスを享受しているかと思いま

す。ここで紹介した飛行機に限らず，電車やバス，タクシー，飲食店，小売店，ホテル，あるいは大学や行政機関などで，接客態度が「素晴らしい！」と感じた時などに，そのスタッフの言動や職場の雰囲気などをよく観察してみてください。たとえば，生き生きしているか，組織に共感しているか，チームワークは良いか，快適な職場か，会社の待遇は良いか等，いくつかの点をチェックしてみましょう。スタッフ一人ひとりにマネジメント感覚が根づき，第6章で述べるホスピタリティ精神が宿っているか，いろいろなことに気づくはずです。そうしたトレーニングは，企業・団体を見極める，あなたの目を鍛えることになるでしょう。

（3）事例3　ヨリタ歯科クリニック

　次に，身近な歯科医院の事例を取り上げ，マネジメント感覚について考えを深めていきたいと思います。

　ここ数年間，医療・福祉・介護施設機関の栄養士や管理栄養士，あるいは秘書・経理・事務などのコ・メディカルをめざす女子大生が増えています。採用され配属された部署の業務だけにとどまらず，ここでもマネジメント感覚が求められています。希望する就職先を探すのはなかなか難しいものですが，スタッフ同士が連携し，相談しやすい職場環境が築かれているか否か，患者さんの視点から訪問すると，意外に見えてくることが沢山あります。

　さて，ここで取り上げるのは，経済産業省から「おもてなし経営企業選」として，2013年度に医療業界で初めて選出された，大阪府東大阪市にあるヨリタ歯科クリニック（1991年創業）です。

　なお，「おもてなし経営企業」とは次頁の図5-1のとおり，①従業員の意欲と能力を最大限に引き出し，②地域・社会との関わりを大切にしながら，③顧客に対して高付加価値化・差別化サービスを提供する経営であるか否かを，政府（経済産業省）が選考・公表しています。ほかの企業・団体が経営改革へ向けて取り組む契機となることをねらいとしています。

　そんな政府のお墨つきをもらった，ヨリタ歯科クリニックですが，近鉄（1944年創業）奈良線の河内花園駅の駅前にあります。全国高等学校ラグビーフットボール大会の会場で有名な，花園ラグビー場（1929年開場）がある東花園駅の隣り駅で，大阪寄りになります。準急は通過し，各駅停車が停まる小さな駅です。ですから，地元密着型だと想像がつきます。著者が2015年12月に訪問した時，駅周辺で幾人かに評判を伺うと，誰もが親しみを込めて絶賛しました。

　そして，クリニックに一歩足を踏み入れると，その職場の雰囲気に驚きます。マネジメント感覚やホスピタリティ精神にあふれているのです。歯科医院と聞くと，

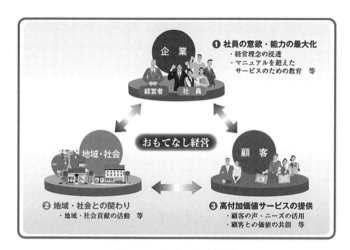

図5-1　おもてなし経営
出典：経済産業省ウェブサイト（https://www.meti.go.jp/policy/servicepolicy/
omotenashi-keiei/kigyousen/index.html）

楽しい気持ちになる人は少ないと思います。でも，診療に来た子供たちはニコニコ
して，不安そうな子は見当たりません。看板に「ワクワク楽しい歯科医院」と銘打
つほどで，本当だとすぐにわかります。

　診療に使う歯科ユニット（椅子や照明などが一体になった医療機器）は，1991年
の開業時は3台で，ごく普通の規模だったそうですが，2019年現在で23台，一日
の患者数は平均220人もいるそうです。全国各地から見学に訪れる同業者も多く，
「おもてなし経営」の効果は絶大です。

　クリニック内を一巡すると，どこの部署も明るい笑顔で，活力に満ちた雰囲気を
感じとることができます。でも，開業当初にはこうした笑顔はほとんど無かったそ
うです。経営者の寄田幸司氏（1962年〜）は，母親の死を看取ることができないほ
ど多忙だったと振り返ります。自分自身のみならず，スタッフの体や心の健康管理
ができなければいけないと一念発起し，経営改革の末に今日に至ったそうです。

　歯科医院の数は，2018年6月現在で全国に68,756施設もあり（厚生労働省調べ），
同時期のコンビニエンスストアの55,350店舗（一般社団法人　日本フランチャイズ
チェーン協会調べ）よりも多い状態です。寄田氏は，周囲の歯科医院との差別化を
図るために，顧客のセグメンテーションを行い，ターゲットを女性と子供に絞り，
女性と子供が求める歯科医院はどんな医院なのか，そこに特化したサービスを提供
できないか，創意工夫することに徹しました。

　独身女性や母親，あるいは乳幼児や小学生などの子供の視点から，予約・受付・
会計時の対応に始まり，待合室や診療室の居心地などをとおして改善すべき点を洗
い出したそうです。そして，患者さんの悩みをゆったりと聞く相談スペースを設置

図5-2　著者が寄田幸司氏（右）らを取材する様子（2015年12月）

しました。あるいは，診療時に医師が声を潜めてスタッフと会話を交わすことは子供に不安を与えていると気づき，秘書が役員にメモで渡すのを真似て工夫するようにしました。

　また，患者さんとスタッフとの距離を縮めるために，全スタッフの顔写真やメッセージを壁一面に掲示することにしました（事務員などを含め，「コミュニケーションボード」と名づけた壁面に表示）。患者さんに対してクリニック全体の見える化（可視化）を図るだけでなく，スタッフ同士の信頼醸成にも役立っているそうです。

　ここでは，診療に際して歯科医や歯科衛生士，歯科助手を誰に依頼するか，患者さんが指名できるサービスを行っています。著者はこれまでいくつかの歯科クリニックの経営相談や職員研修を行ったことがありますが，ここまでユニークなアイデアに出会ったことはありません。診療される立場に立つと，医師のみならず，医療スタッフ全員の顔が見え，信頼感が醸成されます。患者が医師らクリニック全体を信頼することによって，信頼された方もその信頼に応えようとする，プラスの相乗効果が生まれます。

　ほかにも，寄田氏はスタッフの呼び方を「○○クリエイター」と呼ぶように変えたそうです。受付係はスマイル・クリエイター，院内の企画担当者は感動クリエイター等と。それに，院内に配置された花にしても，誰がアレンジしたか似顔絵などを添えて明示したそうです。その結果，患者さんにとって身近な存在になり，働くスタッフのモチベーション向上にもつながったそうです。また，スタッフ同士がいつも感謝の気持ちを忘れず，労いの言葉を交わすように心がけたそうです。

　このように，患者さんの視点から業務改善を試みたヨリタ歯科クリニックから学ぶことが沢山あります。これから就職活動をしようかと考えた企業・団体に，ある

いは現在所属する組織の中に，顧客の声を反映し改善を試みる場があるか，経営全般にわたる目標や戦略を確認する場があるか，立ち止まって考える必要があるかと思います。あなたがいくらマネジメント感覚を醸成していても，あるいはその意思があるにせよ，職場環境によって能力を発揮できる可能性が変わってくるからです。

　ヨリタ歯科クリニックのように，同じ目標や戦略，戦術を共有する人たちに巡り合い，自身が成長できるよう，常に最善の職場を探し求めましょう。そうすれば，必然的に早期退職することなく，長くその職場に定着することでしょう。

（4）事例4　ABCクッキングスタジオ

　最後に，ガラス張りのショーウィンドウのようなキッチン・スタジオが印象的な料理教室，ABCクッキングスタジオ（1987年創業）を取り上げたいと思います。2019年現在，世界で最大規模を誇る料理教室です。多くの女性にとって憧れの場のひとつかと思いますが，ここでは習い事として捉えるだけでなく，そもそも20歳の女性が起業した成功事例であること，栄養士や管理栄養士などの資格を活かし，これから料理を学ぶ女性の個性を活かす等，採用・研修を重視している点などについて，マネジメント感覚という視点から考えてみたいと思います。

　創業者の志村なるみ氏（1964年〜）は，仲間と二人で，出身地の静岡県藤枝市の雑居ビル2階で，鍋やフライパンといった料理道具を販売することからスタートしました。

　こだわったのは，20歳から34歳までの女性，いわゆるF1層をターゲットとすることでした。でも，なかなか売れません。そこで，若い女性が料理に興味を抱いたら売れるだろうと考え，家庭料理，パン，およびフランス菓子を教える料理教室を始めました。また一人の講師に対して最大5人の生徒と，少人数レッスンを徹底し，親しみをもてる雰囲気を大切にしました。さらに，教えを請う生徒は講師を選択でき，逆に選ばれた講師は生徒から得る評判を働きがいとしてきたそうです。

　志村氏は，「世界中に笑顔のあふれる食卓を」という企業理念を掲げ，若い女性が仕事帰りに立ち寄り，家庭や職場に続く「第3の場所」を見つけてほしいと願ったのです。創業当時の1985年は，男女雇用機会均等法が公布されたばかりで，法の理念とは裏腹に，採用や昇給，教育訓練などの点で男女を平等に扱う企業・団体はごく限られていました。

　8年目の1993年に，東京都渋谷区の宮下公園近くにスタジオを開設し，初めて都内への進出に成功しました。そして大きな転機となったのが，1999年に埼玉県大宮市（現・さいたま市）の大宮ロフト（当時）への出店でした。煙や臭いを出す料理教室は，衣類や雑貨を扱う百貨店やテナントビルでは敬遠されがちだったのが，交

通の要衝である大宮への出店を転機に，全国のデベロッパーがその集客力に注目するようになりました。そして，2004年に日本在住のフランス女性の建築家のエマニュエル・ムホー氏（Emmanuelle Moureaux，1971年〜）によるポップな店舗デザインを採用してから，ブランドが確立していきました。

　ABCクッキングスタジオの受講生は，受講する講師，時間，場所を自分の都合に合わせて選択することが可能です。いつ，どこへ行っても，若い女性のコミュニケーションの場があります。おしゃれなガラス張りのキッチン・スタジオの中にいる女性たちは，企業PRそのものです。瞬く間に口コミで拡がりました。

　人材が企業の成長にとって一番重要だと志村氏は考え，これまで多くの時間を人材の発掘と育成に注いできました（採用面接から指導まで）。栄養士や管理栄養士などの資格をもっていながら，仕事や子育てで活かし切れていない「普通の女性」を講師として採用しています。女性の眠っている才能に光を当てた，絶妙な采配です。

　志村氏はその著書『ABCクッキングスタジオ　女性の心をつかむブランディングの軌跡』で，人材採用における3つのキーワードを述べています。①女性に好かれる女性であること，②過去に大なり小なりリーダーシップ経験があること，そして③採用段階で，その人が数年後にスタジオ・マネージャーとして働いていることがイメージできることを挙げています。

　また同書では，人材育成の技能として，①仕事を私物化しないこと，②全員平等に接すること，③一人ひとりが会社づくりに参加すること等の心構えを指導するとともに，一人の女性として数年後に昇進したイメージを明示しています。これらは，モチベーション向上とともに，本人や組織の成長に役立っているであろうと著者は推察します。

　このように，若くして事業を立ち上げ成功する女性もいれば，妊娠・出産などのライフイベントの狭間で，資格や才能を活かしてやり直す女性もいます。

　また，ABCクッキングスタジオで家庭料理などを学び，食文化とともに「笑顔のあふれる食卓」を次世代へ継承する，大事な社会的使命を同社は担っていることに気づきます[3]。

　ABCクッキングスタジオの事例は，ビジネスモデル，組織体制，女性活躍推進，人材育成，リーダーシップのあり方など，女子大学のキャリア教育においてたいへん参考になるものといえます。

（5）女性のマネジメント感覚を支援する環境づくりが急がれる

　女性が出産・子育てを経て，仕事に復帰する時，あるいは起業・独立しようと決

意した時，新しい仕事に必要な知識・技能を修得しようと努力するよりも，時間管理や人材育成などで，仕事の感覚を取り戻すのに困難を感じると，よく指摘されます。

　女子大生を社会へ送り出す高等教育に携わる著者としては，彼女たちがいかなる環境に置かれても，自立して輝いて働き続けられるように，またいつでも学び直しができるよう，カリキュラム改革などの環境整備に努めねばと常に考えています。ここにもまたマネジメント感覚が冴えることが期待されています。

　読者の皆さんのなかには，自分がリーダーやマネージャーになることはイメージできないとか，今はそんな野心はない，ただ希望どおりに就職できさえすればよいと思う方も多いでしょう。ただ，ここまで読んでいただければ，たとえ新入社員といえども，あるいはパートやアルバイトであろうとも，企業・団体全体のめざす方向性を理解し，帰属意識や愛着をもち，組織の成功のために，求められる以上のことを進んでやろうとする，マネジメント感覚が大切であることに気づいたはずです。

　著者が企業の経営者や人事担当者に面会すると，等しく口にされる言葉があります。「とにかく，女性の管理職を育てていきたい。その候補となる新卒者をぜひ採用したい」と。やはり，女性のロールモデルが翹望されているのです。いずれ管理職と呼ばれるリーダーやマネージャーとなる（なれる）チャンスが訪れた時，ぜひとも前向きに受け入れるよう，沢山の経験をしてほしいと願います。

　　■註
1：日本では，1971 年に文部大臣諮問機関の中央教育審議会が答申『生涯学習について』を提出し，生涯学習の重要性を指摘するとともに，教育の主役は国家ではなく国民すべてであるとしました。1983 年には，いつでもどこでも誰でも大学教育を受けられることをめざして，放送大学が設立されました。そして 1990 年に中央教育審議会の答申『生涯学習の基盤整備について』が提出され，生涯学習振興法（1990 年施行）のもとで生涯学習が定着してきました。
2：文部科学省は，社会人のスキルアップを目的に，2015 年 7 月に職業実践育成プログラム（Brush up Program for professional，略称は BP）を創設して，大学・短期大学・高等専門学校などの講座を文部科学大臣が認定しています（2019 年 4 月認定，242 課程）。ただし，専門職大学などは認定対象外です。また，厚生労働省は，労働者の中長期的なキャリア形成を目的に，2014 年 10 月に専門実践教育訓練給付制度を創設し，大学・短期大学・専修学校などの講座を厚生労働大臣が指定しています（2019 年 10 月指定，2,436 講座）。
　　BP 認定講座や厚労省指定講座を受講した場合，企業の費用負担がない場合は専門実践教育訓練給付金（訓練費用の一部）が個人へ支給されます。また，企業が負担する場合はキャリア形成促進助成金やキャリアアップ助成金が企業へ支給されます。
3：2005 年以降，子供たちを対象とした「abc kids」を開校し，食材の特徴，理想の献立，食事マナーなどを体系的に伝え，食の興味，関心を高めています。

■引用・参考文献

澤田裕美・佐藤慶太（監修）（2012）「元全日空 VIP 担当が教える「接遇」でこんなに変わる歯科医院経営　LESSON. 2　リーダーシップと内部顧客」『歯界展望』120 巻 2 号，医歯薬出版：pp.364-365.

ヤン・カールソン，堤猶二（訳）（1990）『真実の瞬間～SAS（スカンジナビア航空）のサービス戦略はなぜ成功したか～』ダイヤモンド社

志村なるみ（2010）『ABC Cooking Studio 女性の心をつかむブランディングの軌跡』朝日新聞出版

日本生産性本部（2012）『ANA が目指す CS　お客様と共に最高の歓びを創る〔新版〕』生産性出版

—————— 第5章のポイント◆

- 企業・団体で働く場合，組織全体の目標や戦略を示すリーダーや，戦術を立案して取り組むマネージャーに限らず，マネジメント感覚を身につけることが求められます。非正規雇用であっても例外ではありません。
- スカンジナビア航空，全日本空輸，ヨリタ歯科クリニック，および ABC クッキングスタジオの 4 通りの事例をみると，組織を構成するメンバーのすべてがエンゲージメントを養うべく，①組織の方向性への理解度，②共感度，および③行動意欲を兼ね備えていることがわかります。

第6章

ホスピタリティ精神

キーワード：マズローの欲求階層説，鳥の目・虫の目・魚の目，生涯顧客

1．ホスピタリティ精神とは何か

　ホスピタリティという言葉を聞いて，皆さんはどんな場面を連想されますか？小売店や飲食店で用命されて甲斐甲斐しく動く店員の姿でしょうか，病院で患者を癒す看護師の笑顔でしょうか，あるいは温泉旅館で物腰やわらかに応対する女将でしょうか？

　第1章で，多様な価値観を受け入れ，柔軟になじむことができるダイバーシティへの対応能力を身につけることが重要だと述べました。その際，ホスピタリティの有無によって，相手の反応は大きく変わり，自分の人生や成長もまた異なってきます。ホスピタリティの概念をしっかりと理解して，いつでも心がけたいものです。

（1）事例1　新幹線のカリスマ販売員・齋藤泉氏

　それではまず，サービスとホスピタリティとでは何が違うのか，考えてみましょう。わかりやすくするために，皆さんが小売店でお弁当を買う場面を想像してみましょう。

　レジスターの前には長蛇の列ができています。しばらく並んで，ようやく代金を支払う段階となりました。商品と千円札一枚を店員に差し出すと，店員は「千円ちょうどお預かりします。ありがとうございました」と言い，袋に商品を詰めてレシートをくれました。

　店員はお弁当を売った対価として千円を受け取りました。他方，皆さんは待つのに時間を要したので，早く精算を済ませたい，余計な対話は要らないと思い，店員の素早い振る舞いに満足を覚えるでしょう。これはまさに，効率重視のサービスそのものです。

　では，これにホスピタリティが加わると，どんな違いが生まれるでしょうか。同

じ千円のお弁当でも，商品の訴求力がどう変わってくるのでしょうか。どのような
プロセスを経て，皆さんの手元に届くのか，2人の販売員の事例を通して考えてみ
ましょう。

　JR東日本（1987年創業）の東北新幹線等でお弁当などの車内販売をする，日本
レストランエンタプライズ（1938年創業）[1]の齋藤泉氏（1973年～）は，カリスマ
販売員と呼ばれています。齋藤氏が1992年にアルバイトとして始めた仕事は，その
後20年間以上も続き，2009年発売の著書『またあなたから買いたい！』にその経
験をまとめ，成功した秘訣の一端が紹介しています。

　ちなみに，京セラ（1959年創業）や第二電電（1984年創業，現・KDDI）の創業
者である稲盛和夫氏（1932年～）が，この本の帯で推薦文を書いています。著者も
大学で参考図書として推薦するのですが，多くの女子大生がアルバイト先でこの本
を参考に働き方を改善しようと試み，決まって褒められるようになった等，良い反
応が返ってきます。

　バブル経済が崩壊する直前の1992年に，短大生だった齋藤氏は，「山形新幹線つ
ばさレディー」1期生として，車内販売を始めました。東京駅と新庄駅（山形県新
庄市）を3時間半で結ぶ山形新幹線は，7両編成で，満席だと400名程度になりま
す。車内販売の売り上げは平均7万円程度のところ，齋藤氏は時には約4倍の26万
円に達したそうです。

　今日までの間，結婚・出産を経て，3人の子育てをこなし，2019年現在もパート
として，サービス向上や後輩指導に当たっています。そして，カリスマ販売員とし
て全国各地で講演活動も行っています。家庭と仕事とバランスのとれた，素敵な女
性だといえます。

　齋藤氏は成功した秘訣として，すべては「想像する力」にあり，お客様のニーズ
を「五感で「今」を感じる」ことだと述べています[2]。この「五感で「今」を感じ
る」とはどういうことでしょうか。

　乗車する前の1時間を使って，ワゴンに商品を詰める準備をしますが，まずは品
揃えについて，車内の冷暖房の温度はどの程度か，東京駅の人の流れはどうか，家
族連れの乗客が多い日か，停車駅で大規模な催事があるか，などと考慮します。

　次にレイアウトについて，座った姿勢から商品が見やすいか，思わず手を伸ばし
たくなるような魅力的な配置になっているか等を確認します。ワゴンの大きさは限
られますが，小さな店舗の商品棚だと思い，美しく並べ，お弁当に関する自作の案
内ガイドや歓心（かんしん）を得る為の惹句（じゃっく）を用意します。

　たいていの販売員は3時間半の行程で，車内を3～4往復しますが，齋藤氏は6
～7往復もします。1往復目に，乗客をよく観察し，特に背後から眺めます。網棚

の荷物の様子はどうか，ノート型パソコンで仕事をしているか，寝ているか等，お客様の後ろ姿から情報をキャッチします。

　そして，お客様の心地良いタイミングに，求めている商品をさりげなく薦めていきます。お弁当を購入した乗客へ，時には食べ方の工夫を伝えると，周囲のお客様へ波及効果が生まれます。また，お土産用に余分に購入したお客様がいらした場合，その場で受渡しをせず，在庫を補充する途中駅まで待って，できるだけ賞味期限の新しいお弁当をお届けするよう心がけます。車内で食べたいと思う別のお客様へ，欠品することなく販売することができます。

　カリスマ販売員の齋藤氏は，400人のお客様のニーズを背後から捉え，3時間半の持ち時間に普通の販売員の倍近くも車内を往復し，販売実績を上げます。給与は時給制で，売り上げに関係ないにもかかわらず，このように励むのですから，素晴らしい心構えだと思います。決して気負わず，心を込めた接客姿勢は働き方の神髄といえます。

（2）ホスピタリティ精神は，あらゆる欲求を超越する

　同じ千円のお弁当でも，齋藤氏から購入すると，顧客は感動を覚えるそうです。顧客のニーズを五感で感じる，その怜悧（れいり）で行き届いた注意深さに驚くのです。そして，齋藤氏との対話で温かい気持ちになり，それが旅の思い出となり，心のご馳走となるのです。決してお仕着（しき）せや穿鑿（せんさく）だてはしません。千円というお弁当には，数値化できない付加価値が加わり，その対価として齋藤氏は千円札一枚を受け取っているのです。通常の販売員の4倍もの売上を達成する秘訣は，顧客に「あなたから買いたい」と思わせる，齋藤氏のホスピタリティ精神に由来するといえます。

　新幹線の利用者のなかには，齋藤氏が車内販売する便をわざわざ選んで乗車する贔屓筋（ひいき）もいるそうです。ロイヤリティが高い消費者で，いわば「齋藤氏のファン」といえる存在です。ある特定の商品やブランドに執着し，ほかに選択肢があるにもかかわらず，繰り返し購入する性向です。

　ここで，消費者心理を理解するうえで基礎理論のひとつである，「マズローの欲求階層説」について触れておきましょう。これは，米国ニューヨーク市立大学（1847年設立）のエイブラハム H. マズロー（Abraham H. Maslow, 1908～1970年）が1943年に提唱した，「自己実現理論」と呼ばれる理論的アプローチです。

　マズローは人間が生得（しょうとく）的にもつ欲求を，①生理的欲求，②安全の欲求，③所属と愛の欲求，④承認の欲求，および⑤自己実現の欲求の5種類に分類し，それらを図6-1のように5層のヒエラルキーとして促え，「人間は自己実現に向けて絶えず成長していく」と結論づけました。

図6-1　マズローの欲求階層説
出典：A.H.マズロー（1987），および齋藤敏一・服部勝人・渋谷行秀・小林栄貴・橋本
眞理子（執筆・監修）（2019）『ホスピタリティ・コーディネータ教本　第3版』
NPO法人日本ホスピタリティ推進協議会を参考に，著者が要約したうえで加筆
したもの

　マズローが想定した5段階目の自己実現欲求とは，利己的ではなく極めて利他的
で，晩年には，さらにその上に⑥自己超越という欲求があると考えるに到りまし
た。これは，他者の評価を意識せず，己を滅して他者の感動を志向するホスピタリ
ティ精神に似た境地かと思います。

　著者は女子大生から，「どうしたらホスピタリティ精神を身につけることができ
ますか？」と，性急に答えを求める質問を受けることがあります。その答えとして
は，先述のカリスマ販売員・齋藤氏の心構えがヒントになるかと思います。

　第一に，お客様に「またあなたから買いたい」と思っていただくには，まずはタ
イミングを見計らって，遠くから顧客の表情や雰囲気など，その様子を眺めること
が肝要です。「もう購入したい商品が決まっている様子か？」「まだ迷っている
か？」「買い物をする気配がないか？」等，瞬時に判断する観察眼が求められます。

　第二に，お客様へ声かけする前に，相手の心の中を予測することです。「どんな
言葉を発したら，より快適な旅行のお手伝いになるか？」「押し売りをせず，顧客
の好みや興味関心をどうしたら引き出せるか？」「お弁当をどなたのために購入さ
れるつもりなのか？」などと想像を巡らすことです。

　最後は，観察と予測を踏まえて，行動に出ることです。お客様の心に響く，適切
な言葉が口を突いて出るでしょう。ほんの数秒，数分間の対話でも，お客様は付加
価値を感じるでしょう。そして，顧客は快いという判断とともにあなたの顔や名前
を記憶し，「またあなたから買いたい」と意識することでしょう。

（3）まずは，観察する目を養おう

　でも，どうやったら第一の観察眼を養うことができるのでしょうか？　東京大学（1877年設立）名誉教授の伊藤元重氏（1951年〜）の著書『経済を見る3つの目』を参考にしつつ，カリスマ販売員の齋藤氏が「五感で「今」を感じる」[3]と表現する観察眼について考えてみましょう。

　第一に，空を飛ぶ鳥のように上空から眺め，隣に座っている方との関係性や手荷物の量など，周囲の様子を含めて，どんな状況だろうと全体を俯瞰して観察する眼，つまり鳥の目（マクロの目）です。

　第二に，お客様の仕草や表情，手元の本や携帯電話など，視点を細かく掘り下げ，どんな趣味嗜好をもった方だろうと局所的に注視する眼，つまり虫の目（ミクロの目）です。

　そして第三に，お客様の動作を捉え，いまお声がけをして良いタイミングか，お疲れで休憩されたいか，手元のノート型パソコンや書籍，あるいはイヤホンの音楽などに意識が集中していて，お声がけすることで邪魔にならないか等，取り巻く空気に着目する眼，つまり魚の目（潮目を読む目）です。

　現代は情報や製品があふれ，どれを選択すべきか迷い，買うべきか決断に苦労します。新しい情報や製品に目が留まることもなく，素通りしていくことがあります。

　でも，気の利いた一言が添えられたり，近くの人がその一言に反応して購入したりすると，気を止め，興味を惹かれ，手に取り，購入を決断することがあります。

（4）事例2　駅ナカのカリスマ販売員・三浦由紀江氏

　カリスマ販売員の齋藤氏からお弁当を買った人のなかには，1,500円や2,000円の，予定していたよりも高めの品物を選ぶ人も多いようです。それはおそらく，物（モノ）としてのお弁当を買うのではなく，齋藤氏のわかりやすい商品説明や楽しい対話を通じて，食べる前からワクワクした，齋藤氏からお弁当を買って食べるという行為そのもの，いわゆる体験（コト）を購入したのだと思います。期待値を超えた感動に出会う，そんな商品を相手が選択し，味わうところまでのストーリー（物語）を描くこと，演出することが，ホスピタリティそのものなのです。

　次に，新幹線ではなく，JR東日本の駅ナカで駅弁を販売するカリスマ販売員，日本レストランエンタプライズ（1938年創業）に勤務する三浦由紀江氏（1953年〜）をご紹介したいと思います。

　それは，子育てを終えた44歳の専業主婦が，わずか10年で年商12億円を稼ぎ出すほどに成功した物語です。その著書『1年で駅弁売上を5000万アップさせたパー

図6-2　著者が三浦由紀江氏（右）を取材する様子（2012年10月）

ト主婦が明かす奇跡のサービス』で，齋藤氏と同じように，やはり約20年間にわたる経験を踏まえて，その成功の秘訣について，彼女らしい語り口で示しています。

　三浦氏は，学生時代にアルバイトの経験がなく，44歳で初めて時給800円のパートに就いて，駅弁販売を担当しました。自分で売るお弁当を知らなければ始まらないと思い，まずは沢山のお弁当を買い求め，試食し，味や特徴を理解しました。そして，その感想を率直にお客様へ伝えました。

　次に，三浦氏は店頭に立って，来店する人の表情や動きを観察しました。本部が発注するお弁当には，すぐに売り切れる人気商品と，決まって売れ残るものがあり，どちらも同数仕入れていたのです。現場を知ればすぐに改善すべきものを，変える気配のない本部の方針にいまひとつ得心がいきません。やむにやまれぬ思いで，一介のパートの身ながら本部へ販売戦略の見直しを提案したそうです。

　そして，三浦氏は観察に基づいて発注数を予測し，売上げ拡大と廃棄の削減に成功しました。その後，2年たらずで売店の店長になり，49歳で契約社員に，53歳でJR大宮駅の営業所長へとキャリアを重ねていきました（2012年10月，取材時）。

　著者が2012年に59歳の三浦氏に面会した時の印象を，今も鮮明に覚えています。とても明るい人柄で，ファンがつく働き方とはいかなるものなのか，体感しました。

　読者の皆さんも，まずは「よく観察する」，そんな習慣から始めて，その人の心の中を推測して，対応方法をトレーニングしてみてはいかがでしょうか？　行動が伴わずに空回りになったり，マニュアルに頼ってばかりでは，ホスピタリティ精神は育ちません。現場に出て，ヒントを沢山得ましょう。

（5）ファンをつくる働き方とは

　ここでひとまず，サービスとホスピタリティとの違いについて整理しておきま

しょう。

　ホスピタリティ学の第一人者である，東洋大学（1887年設立）教授の服部勝人氏（1943年〜，現・共栄大学（2001年設立）客員教授）は，その著書『ホスピタリティ・マネジメント学原論』の中で，次のように定義しています。

　「サービスの経済化（有料化）にともなって，サービスは有形・無形を問わず事物において機能や機能の過程を提供することを意味し，経済性において等価価値を指す」[4]

　また，ホスピタリティについては，狭義では，「ホストとゲストが対等となるにふさわしい相関関係を築くための人倫」とし，広義では，「人類が生命の尊厳を前提とした，個々の共同体もしくは国家の枠を超えた広い社会における，相互性の原理と多元的共創の原理からなる社会倫理」と定義しています[5]。

　つまり，サービスは価格に見合った等価価値だと定義すると，ホスピタリティとは付加価値を意味するといえるでしょう。お弁当を売る齋藤泉氏や三浦由紀江氏の事例に照らして解釈するならば，見栄えの豪華さや，過剰なサービスではなく，顧客の立場に立って考え，誠実に献身的に，ひたすら相手の喜びを自らの喜びと考える人柄，いわば人間力が付加価値といえるのでしょう。

　人は誰でも生育環境や経験，価値観が異なります。自分にとって当たり前でも，他者にとっては当たり前ではないことが多々あります。お弁当を購入いただいた時に発する，「ありがとうございました」という感謝の言葉も，販売員にとっては，一日に何十回も，いや何百回も発する一言かもしれません。でも，その言葉を受け取る立場にとっては，今日初めての「ありがとうございました」かもしれません。

　効率を追求したサービスは，相手がリピーターになる可能性（期待値）は極めて小さいでしょう。でも，ホスピタリティは，喜びや感動を相手とともに共創[6]する関係にあります。ですから，リピーターになる可能性（期待値）は大きいのです。

2．ホスピタリティ精神を身につける

　ホスピタリティとサービスの違いがわかったところで，次に，本章の冒頭で触れた，小売店や飲食店のスタッフ，病院の看護師，旅館の女将などに共通する心得，つまり，ホスピタリティ精神を養成する方法について考えてみましょう。

　顧客に対面する接客は，極めて労働集約型で，生産と消費が同時に行われます。そこになんら在庫は発生しません。そして，付加価値を生み出すか否かは，接客する側（従業員）次第です。接客の技能が向上すれば，生産性は上がりますが，時には失うこともあります。接客の技能の多くはマニュアル化することができるでしょうが，ホスピタリティ精神を明文化すること（暗黙知を形式知にすること）は難し

いものです。人と人，社会・地域とのつながりにより，顧客との信頼価値を醸成され，労働生産性を高めるのです。

　ですから，一度ファンになれば，次第にロイヤリティは高まり，生涯にわたって顧客であり続け，世代を超えてファンであり続ける可能性があるのです。そんな「生涯顧客」や「永代顧客」[7]と呼ばれるつながりを築いた，成功事例について次に学んでいきましょう。

（1）事例3　日本橋三越本店

　三越日本橋本店（1673 年創業）は，伊勢商人である三井高利（1622〜1694 年）が52 歳になって，独立起業した呉服店・越後屋を前身とし，開業当初より店前売で現金掛け値なし，切り売りなど新しい経営手法を導入し繁盛しました。

　19世紀の開国や文明開化に伴う呉服の需要低迷の中で，さまざまな経営改革に取り組んできました。1895 年に販売方法を見直し，帳場座売りを改め，買い手が商品を手に取れるように陳列式にしました。1904 年に業態を呉服専門店から日本初の百貨店へ改めると経営方針を変え，新聞に広告記事「デパートメントストア宣言」を掲載しました。1909 年に宣伝方法も見直し，従来の浮世絵風の広告から，洋画家の岡田三郎助（1869〜1939 年）の美人画のポスターを採用して，購買意欲を高めました。1935 年には本館を地上 7 階・地下 2 階建に増改築しました。さらに 1950 年に包装紙を見直し，無地のハトロン紙から，洋画家の猪熊弦一郎（1902〜1998 年）のデザインを採用しました。デザイン画を受け取った宣伝部社員だった柳瀬嵩，後に「アンパンマン」などで有名になる漫画家・やなせたかし（1919〜2013 年）が，「mitsukoshi」とロゴを書き加えて完成させました。そして，1960 年に佐藤玄々（1888〜1963 年）が約 10 年かけ制作した巨大な彫像『天女（まごころ）像』が本店中央に飾られました。

　これら一つひとつが今の三越のブランド形成を担ってきたといえます。その存在は，一流通業者の枠に留まらず，日本橋界隈の景観や賑わいを形成するランドマークとして，その社会的使命を果たしています。本館は，2016 年に国の重要文化財に指定されたほどです。

　「御客が商品を買う以外の要求に応えよ」。1904 年に三越呉服店と改称された時に初代専務を務めた日比翁助（1860〜1931 年）が，その著書『商売繁昌の秘訣』で述べた言葉です。これこそが，日本橋三越本店が 100 年以上にわたり，多くの生涯顧客に対して提供し続けてきた，付加価値を言い表しているといえるでしょう。

　著者自身の経験を申し上げると，誰かを喜ばせたい，感動してもらいたいと思って商品を選ぶ場合は，信頼できる店舗へ出かけ，信頼できるスタッフからしか買い

図6-3　学生たちが日本橋三越本店を訪問した様子（2017年2月）

物はしません。そんなホスピタリティ精神にあふれ，究極のコミュニケーションの達人が集まっている百貨店のひとつが，日本橋三越本店です。

授業ではなく，正課外のサークル活動の一環で，教え子の女子大生を伴って，実際に店舗内を歩いたことがあります（詳細は第3章参照）。学生たちは足を一歩踏み入れるなり，今まで経験したことがない空気感であると驚いたようです。敷居が高いと若者が敬遠しがちな老舗百貨店ですが，なにか独特の居心地の良さが，瞬間的に伝わったようです。

インフォメーション・コーナーに立つ，ストアコンシェルジュの「若女将」は，誰一人としてスカーフが乱れていません。さすが，日本橋三越本店の顔ともいえる存在です。

どの売り場の販売員も，買い求める目的や贈る相手への思いを共有し，決してお仕着せることなく，センス良く提案してくれます。時には，贈り物を手渡しする際に添える気の利いた言葉や，雨天などの天候不順の際の持ち運び方まで，親切に教えてくれます。

顧客が求める品物が，店頭やバックヤードになければ，近くの他社の売り場にないかと調べてくれます。目先の利益よりも，目の前のお困りごとに誠心誠意尽くします。

散々迷ったあげくに購入しないで帰る顧客がいても，丁寧に対応する。そんな姿勢に感動して，再び足を運びます。同じ物を買うなら，次は三越で，となるのです。

顧客との関係は，店頭での売り買いで終わるのではなく，贈る相手が喜ぶ姿までを想像して，過不足なく適切に応対されます。こうした繊細な心配りこそ，「商品を買う以外の要求に応え」た，三越のホスピタリティ精神の素地といえるでしょう。

（2）GAFAにはない「世界に通じる日本の良さ」

ハーバード・ビジネス・スクール（1908年設立）教授のジェームス・L. ヘスケッ

ト氏（James L. Heskett, 1933年～）らは，その著書『バリュー・プロフィット・チェーン～顧客・従業員満足を「利益」と連鎖させる～』で，顧客満足度が高ければ高いほど，年齢を重ねても購入し続ける生涯顧客となり，その子供の世代までロイヤリティが継続してゆくといいます。

日本橋三越本店のホスピタリティ精神は，女子大生が感じた空気感を生み出し，生涯にわたる信用・信頼へとつながっている良い事例といえます。

ところで，大妻女子大学（1908年設立）の学生たちは，「若女将」たちの上司である「女将」に見送られ，店舗の外へ出た時に，もうひとつ，新たな感慨を覚えたそうです。それは，「日本橋のまち全体も良くしようという思いが，接客を通してお客様に伝わる」というものでした。

近江商人（おうみ）に江戸時代から伝わる行動哲学，いわゆる三方よし（売り手よし，買い手よし，世間よし）にも似たものです。商道徳や人間関係を大切にして財を築き，治山治水（ちさんちすい）や道路敷設（ふせつ），架橋（かきょう）などに貢献する生き方です。GAFA（ガーファ）がその支配的・優越的地位を乱用して，顧客情報を独占的に囲い込んだり，新興企業の買収などを通じて技術革新の芽を摘み取る等の問題行動とは正反対です。むしろ，競合する同業他社を含めた地域社会の，さまざまなステークホルダーと共存共栄して，地域全体の付加価値を高めるよう努力し続けています。

蒸気機関，電気，コンピュータ，そしてIoTへと，科学技術の発展とともに，私たちの消費生活も発展してきました。いつどこで何を買い物したか等，数値や画像とともにデータ化され，AIがそこから判断し，行動選択のルールを獲得するアルゴリズムを導き出すことが可能になっています。

自分の嗜好性（しこう）が把握され，お勧めする商品が提示され，痒い（かゆ）ところに手が届く。換言すれば，購買欲を次から次へと掻き立てる（か）サービスが提供されます。次は何を買ったほうがよいとAIに勧められると，少し過剰ではないかと感じる時がありますが。

電車や車で店舗まで足を運び，雑踏（ざっとう）の中で好みの商品を探し出す手間がなくなりました。ネット決済によって精算もスムーズに済み，物流がより効率化し，いつでもどこでも受渡しが可能になりました。

でも，そんなに変化した時代にあっても，ネット通販では得られない，対面販売の現場でしか得られない「わざわざ感」を，日本橋三越本店のホスピタリティ精神が醸し出しています（かも）。

2011年に同業者の伊勢丹（1886年創業）と合併して，三越伊勢丹となった時，営業施策「JAPAN SENSES」を打ち出しました。また，2015年からは企業メッセージ「this is japan.」を国内外に発信し続けています。これは，商品・サービス・店

内の装飾や環境など，「世界に通じる日本の良さ」を提案することを意味し，同社の企業活動の方向性を明確に示しています。

「若女将」や各フロアの販売スタッフなどのホスピタリティ精神養成の心構えは，まさに「世界に通じる日本の良さ」といえます。

（3）第3次ホテルブームだが人材不足，でも女性視点は武器になるかも？

ところで，外国人観光客の急増に伴い，宿泊業（ホテル，旅館など）は収益を拡大していますが，多くの施設で正規社員が不足しています。そのうえ，2013年9月に2020年の東京五輪開催が決定して以来，ホテルの新・増設が活況を呈しています。1990年代前半の第1次ブームや2005〜2007年の第2次ブームに続く建設ラッシュで，外資系ホテルの進出もあり，専門人材の採用や育成が課題となっています。

ホテル・旅館などといっても，旅館業とは簡易宿泊や下宿も含まれます。ここではホテルに限ってみれば，旅館業法（1948年施行）や旅館業法施行令（1952年施行）により，9m^{2}以上の客室が10室以上あり，出入口と窓が施錠できる等と，ホテルの構造や設備を規定しています。機能別には，宿泊限定のビジネスホテル，食事や宴会等の機能もあるシティホテル，あるいは海岸やスキー場等を併設するリゾートホテルの3種類に分類できます。

ほかにも，「ホテル御三家」と呼ばれる帝国ホテル（1887年創業），ホテルオークラ（1958年創業），およびホテルニューオータニ（1962年創業）のように老舗ホテルと呼ばれるものから，客室面積が30〜40m^{2}以上で室内施設やサービス等が充実した，ラグジュアリーホテルなどの呼称もあります。

大妻女子大学は東京都千代田区に位置し，周囲には多くのシティホテルなどがあります。宿泊業は，女性視点のマーケティングや経営改善の余地が見込める業界のひとつであると著者は認識して，授業でもケースメソッドの題材として大手ホテルを取り上げています。

ところが，旺盛な需要とは裏腹に，雇用状況は安定していません。厚生労働省の「雇用動向調査」によると，2017年度の宿泊・サービス業の離職率は30％にも上ります。雇用全体を見渡すと，2013年度から6年連続で入職者（採用者）が離職者を上回り，離職率が10％台前半である中で，宿泊・サービス業の離職率は目立ちます。

離職率の高さは，非日常的な憧れに始まり，アルバイトの延長で正規社員になるという安易な決断で起因するでしょう。ミスマッチを解消すべく，就職活動に際しては，本章で述べたようなホスピタリティ精神養成の心構えを修得するとともに，

現場の雰囲気を理解すべく幾度も下見し，日々勤務することをシュミレーションする等の準備が必要かと思います。

（4）事例4：帝国ホテル

そこで，ホスピタリティ精神養成の心構えを学ぶ事例の二つ目として，著者の授業の履修生たちも一度は泊まってみたいと言う，地元（東京都千代田区）にある帝国ホテルを取り上げます。

帝国ホテルは，外国人の宿泊や宴会等を見込んで創業され，創業当初は南側に隣接するダンスホールの鹿鳴館（1883年創業）と有機的な連携が図られていました。不平等な日米修好通商条約などの安政五カ国条約（1858年調印）を改正するためなど，日本が国際社会で主権を確立するための外交舞台でもありました。

ですから，帝国ホテルが抱える企業理念には，「創業の精神を継ぐ日本の代表的なホテルであり，国際的ベストホテルをめざす企業として，最も優れたサービスと商品を提供して，国際社会の発展と人々の豊かでゆとりのある生活と文化の向上に貢献する」と記されています。日本を取り巻く国際環境は，その後，戦前・戦後と今日に到るまで変わり続けてきましたが，帝国ホテルは創業の精神を堅持し，伝統を守りつつ，崇高な理念を実現すべく，革新を続けてきました。

130年以上にわたるその歩みは，国内のみならず，国際社会でベストホテルをめざし，「最も優れたサービスと商品」の提供を一貫して追求してきたといえます。1911年に導入したホテルランドリーをはじめ，1923年にショッピング・アーケード開設，ホテルウェディングを企画，そして1958年にバイキング形式の食事（立食スタイル）を提供する等，いずれも国内初の試みでした。ほかにも設備の改善など，常に「最も優れたサービスと商品を提供」するためのイノベーションが繰り返されてきました。

バイキングを導入した当時の料理長の村上信夫（1921〜2005年）は，1964年の東京五輪（1964年東京オリンピック・パラリンピック競技大会）では，渋谷区代々木の選手村で，食堂「富士食堂」の料理長も務められました。その書著『帝国ホテル厨房物語〜私の履歴書〜』などは，お客様のみならず，職場の同僚に対する心配りはホスピタリティ精神養成の心構えとして，たいへん参考になります。また，職場としてのホテルを理解するうえでもヒントになるかと思います。

（5）日々の研鑽が，ホスピタリティ精神の拡散と増殖を生む

ホスピタリティの構成要素は，物や機能にも勝り，人的要素が問われることが，これまでの事例紹介で理解していただけたかと思います。建物のデザインや設備の

レイアウト，あるいはサービス内容や品揃えなどは真似ができるかもしれません。でも，人材はホスピタリティの概念をしっかりと理解して，いつも心がけることが求められます。だから，ホスピタリティ精神を養うには，相当の時間がかかります。

　著者がかつて航空会社でVIP担当となった当初，お茶を注ぐタイミングを上手くつかめずに悩んだ時期がありました。そこで，ヒントを求めて，帝国ホテルのティーラウンジへ行きました。湯飲みの中のお茶の量は遠くにいてはわかりません。でも，絶妙なタイミングで近づき，給仕されたのです。教えを請うべく率直に尋ねたところ，そのスタッフは躊躇することなく，隠し立てもせず教えてくださいました。異業種とはいえ，部外者に対してです。給仕のノウハウもさることながら，顧客に対する真摯な姿勢に，老舗のホスピタリティ精神を垣間見ることができました。

　第2章や第3章で述べたとおり，教え子たちは，これまでいくつかの老舗企業の協力を得て，産学連携型のPBL（課題解決型学習）を試みてきました。彼女たちは，その過程でホスピタリティ精神の大切さに気づき，卒業後も涵養し続けてきました。そして驚いたことに，その多くは，お世話になった老舗企業の生涯顧客となりつつあります。日本橋三越本店をはじめ，皇室御用達の鞄メーカーや洋菓子メーカー，あるいは洋食器メーカーなどの経営者やスタッフと出会い，そのホスピタリティ精神に触れて，卒業後に少しずつ商品を買い求めるようになったのです。このように，ホスピタリティ精神がいろいろな人へと拡散し増殖する要因は，ひとえに日々の研鑽に尽きると思います。

　米国の臨床心理学者のフレデリック・ハーズバーグ（Frederick Herzberg，1923〜2000年）は，1959年にモチベーションに関する二要因理論を提唱しました。職務に満足する要因を満たすためには，従業員の知識・技能の向上を図る教育訓練が欠かせず，また，職務に対する不満を解消するためには，心境を理解することが大切だと分析します。同時に，ノルマやインセンティブを課しても，なかなかモチベーションは上がらないことを説きました。その後，今日に到る60年間の企業史を顧みれば，その考察は実証されたと判断できます。

　他者の感動を志向するホスピタリティ精神……その育成の心構えは，日々研鑽を重ね，知識・技能の向上に伴ってモチベーションの向上を図り，ひいては生涯顧客や永代顧客を獲得し，それがまた自ずと自身を含めた組織や地域社会全体のホスピタリティ精神の増殖を促すことになるといえます。ぜひともその醍醐味を，読者の皆さんも体感されることをお勧めします。

■註
1：JR東日本（1987年創業）管内の新幹線における車内販売は，2019年7月以降，日本レス
　　トランエンタプライズ（1938年創業）から分社化したJR東日本サービスクリエーション
　　（2019年創業）が行っています。
2：齋藤泉（2009）：pp.38-86.
3：齋藤泉（2009）：pp.39-41.
4：服部勝人（2006）：p.108.
5：服部勝人（2006）：p.117.
　　なお，「広義のホスピタリティ」の概念規定に関して，服部氏が用いる「相互性の原理」と
　　は，「相互容認，相互理解，相互確立，相互信頼，相互扶助，相互依存，相互創造，相互発
　　展の8つの相互性に基づいた相関関係を築くための原理」を意味し，また「多元的共創の
　　原理」とは，「多くの異質な要素が複雑に関係する中で，多元的相関関係を築き相互作
　　用・相互補完・相互連携しあうことで，最適な環境を創出し創造的共進化するための原理」
　　を意味します。
6：服部勝人（1995）：p.26.
　　なお，服部氏による造語である「共創」とは，「共通の意識を持ち，互いの創造性を融合さ
　　せることで相乗効果を発揮し，新たな価値創造と共有意識の創出をすること」と概念規定
　　され，本書ではこれに準じて用いています。
7：服部勝人（2001）：p.132.
　　なお，服部氏による造語である「永代顧客」とは，「生涯顧客という視点が何世代もわたり
　　継続されることを捉えたものである。日本型経営の象徴にもある暖簾（のれん）に通じるものであ
　　る」と概念規定され，本書ではこれに準じて用いています。

■引用・参考文献
伊藤元重（2014）『経済を見る3つの目』日本経済新聞出版社
稲盛和夫（2004）『生き方～人間として一番大切なこと～』サンマーク出版
鹿島茂（1991）『デパートを発明した夫婦』講談社
齋藤泉（2009）『またあなたから買いたい！～カリスマ新幹線アテンダントの一瞬で心をつか
　　む技術～』徳間書店
エミール・ゾラ，吉田典子（訳）（2004）『ボヌール・デ・ダム百貨店～デパートの誕生～』藤
　　原書店
力石寛夫（1997）『ホスピタリティ　サービスの原点』商業界
土屋晴仁（2016）『ここに日本がある　三越日本橋に見る"もてなしの文化"』IBCパブリッシン
　　グ
リチャード・ノーマン，近藤隆雄（訳）（1993）『サービス・マネジメント』NTT出版
ジョン・ハッティ，山森光陽監訳（2018）『教育の効果～メタ分析による学力に影響を与える要
　　因の効果の可視化～』図書文化社
服部勝人（1995）「多元的共創とホスピタリティマネジメント」『研究報告HOSPITARITY』日
　　本ホスピタリティ学会，第2号
服部勝人（2001）「共創的相関関係へのプロセス」『学会誌HOSPITARITY』日本ホスピタリ
　　ティマネジメント学会，第8号
服部勝人（2006）『ホスピタリティ・マネジメント学原論』丸善
日比翁助（1912）『商売繁昌の秘訣』大学館
ジェームス・L・ヘスケット，レオナード・A.シュレシンジャー，W.アールサッサー，山本

昭二（訳），小野譲司（訳）（2004）『バリュー・プロフィット・チェーン〜顧客・従業員満足を「利益」と連鎖させる〜』日本経済新聞社

A. H. マズロー，小口忠彦（訳）（1987）『改訂新版　人間性の心理学』産業能率大学出版部

三浦由紀江（2009）『1年で駅弁売上を5000万アップさせたパート主婦が明かす奇跡のサービス』ダイヤモンド社

村上信夫（2004）『帝国ホテル厨房物語〜私の履歴書〜』日本経済新聞社

■付記

　ホスピタリティについてもっと学びたい方は，関連する資格認定制度を運営するNPO法人日本ホスピタリティ推進協会（JHMA）のウェブサイトを参照ください。

　https://hospitality-jhma.org/wordpress/

第6章のポイント◆

- 企業・団体で働く場合，ホスピタリティ精神もまた不可欠です。サービスが価格に見合った等価価値であるのに対して，ホスピタリティとは売り手と買い手とが相互に満足しうる信頼関係を築く付加価値といえます。
- 駅弁のカリスマ販売員である齋藤泉氏と三浦由紀江氏，日本橋三越本店，および帝国ホテルの4通りの事例をみると，相手への心配りがお節介かどうかを決めるのは自分ではなく相手であること，またファンをつくる働き方を常に心がけていることがわかります。

第3部

入門編

第7章

社会人への準備

キーワード：体内時計，身だしなみ，情報リテラシー，PDCA サイクル

　日本橋三越本店のホスピタリティ精神について，第3章と第6章で述べましたが，現地を視察した大妻女子大学（1908 年設立）の教え子たちが共通して「人の気持ちは細部に宿る」という言葉が最も印象に残ったと言います。また，著者は秘書技能検定（文部科学省後援）の面接審査員を十年以上務めてきましたが，ほんの数分間の面接試験においても，ちょっとした立ち居振る舞い，仕草，表情，言葉遣いなどに，その人の気持ちが現れ出ていると感じます。

　これらを踏まえて，第7章では学生時代に身につけたい習慣について，また第8章では就職活動における心得を述べます。

　知っていそうで知らない，今さらながら他人に聞けない，そんなことを述べたいと思います。実務経験のある女性なら，ごく当たり前のことだと思われるかもしれません。あるいは，大学入学時や新入社員の頃に手にした『学生生活の手引き』『就職ハンドブック』などの冊子を通じて，読んだことがある内容だと気づくかもしれません。でも，多くの女子大生から，そうした類（たぐい）の書籍は情報量が盛りだくさんで，「今，どこを読むべきか，わからない」「だから使わない」等の声を聞きます。

　ここでは，「働くこと」とはいかなることか，社会常識を含めて理解していただきたいとの思いから，女子大生や新入社員の方々を念頭に置き述べていきます。思っている以上に，他人は細部に目を止め，そこで認知された情報や感情に基づいて，信用・信頼が醸成され，あるいは失われることに，今更ながら気づくのではないでしょうか。

1．時間を守り，心身ともに健康になろう

　日本のほとんどの大学は，1学期が4ヵ月ほどのセメスター（2学期）制か，3ヵ月ほどのクォーター（4学期）制で運営されています。学期ごとにカリキュラムが編成され，各科目は 10 回から 15 回程度の授業で構成され，最近では，ディス

カッションやディベート，プレゼンテーションなどのアクティブ・ラーニングが導入され，成績評価は日常の態度，課題レポートの提出，ペーパーテストなどによって行われています。そして，最終的に履修生へ単位が交付されます。

　四年制大学を卒業するためには 124 単位，短期大学で二年制は 62 単位，三年制は 93 単位が最低必要ですが，これらは文部科学省令の大学設置基準（1956 年施行）や短期大学設置基準（1976 年施行）で規定されています。また，単位については次のように定めています。各大学はこれらに従い，学部ごとに卒業所要単位や各科目の授業時間などを定めています。

　①単位は計 45 時間の学修が必要な内容で構成することを基準とする。
　②講義・演習なら 1 単位は 15〜30 時間。
　③実験・実習・実技なら 1 単位は 30〜45 時間。

　たとえば，90 分の講義を半期（計 15 回）受講した場合，①授業時間は計 22.5 時間，②授業外学修（予習と復習）はその倍の計 45 時間を想定し，したがって 1 科目をマスターするのに計 67.5 時間の学修をした（省令に照らすと，2 単位相当の講義を学修した）ものとみなして，計 2 単位が授与されることとなります。

　毎回の授業ごとに前回の復習をしたか，しっかり予習をしたか等の確認をする大学教員は日本では極めて少ないでしょう。でも，文部科学省は学生の皆さんを信頼して，授業外学修が当然なされるであろうとの前提で，単位取得に必要な学修時間を加算しているのです[1]。

　ところで，電車内や街中のカフェなどで，学生たちが漏らす本音を偶然耳にして，唖然とすることがあります。「遅刻 1 回ならセーフ」「JR の遅延証明書があれば欠席扱いにならない」「15 回中 3 回から 5 回は休んで O.K.」などなど。これらの言葉の背景にある考え方は，おそらく大抵の実社会では通用しないでしょう。

　社会人ともなれば，たとえ 1 回の欠席，しかもわずか 10 分の遅刻でさえ，信用・信頼を失うリスクがあります。会議や訪問時間，出張の集合時間などに間に合うために，気象状況や交通事情などを考慮し，そのリスクを織り込むのは当然で，そうした予測をして行動することができない人は，社会で信用がなく，信頼も築けず，責任ある仕事を任されることはまずないでしょう。

　著者の教え子のなかには，高等学校時代から遅刻・欠席はしないと決め継続している人，あるいは予定時刻よりも必ず 1 時間前に行動を起こすよう心がけ入学時から実践している学生がいます。逆に，ルーズな生活を改めようと決意はしたものの，習慣とは恐ろしいもので，なかなか改善できずに苦労している人もいます。授

業の時間は守るけれども，ウトウトとしている子も見かけます。

　就職活動をする学生が，履歴書やエントリーシート（ES）に自己の長所について「誠実」「几帳面」などと真率で懸命な姿勢をアピールする傾向があります。「要領がよい」などと名状しがたい素行は書きません。遅刻するのは一時的なことで，私の良いところを見てくださいと，押しの一手でいっても駄目です。時間管理に関する出来不出来は，そもそも活字で人に伝えるべきことではありません。

　社会人としての常識の1番目として，学生時代から時間管理を身につけるべきでしょう。ルーズな時間の過ごし方はルーズな働き方に通じます。そうした態度は，勤続年数を重ね，たとえベテランといわれるようになっても，なかなか変えられるものではありません。ぜひとも社会に出る前に改善しましょう。

　なお，時間管理をルーズにしていると，心身の健康が維持されず，生産的な働き方ができなくなる，という医学的な知見が最近明らかになってきています。

　慢性的な残業，夜勤・宿直などのシフト勤務，あるいは夜更かしや寝不足が続くと，体内時計が乱れ，膵臓が分泌するインスリンの分泌量が減り，血糖を抑制できなくなります[2]。また，脂肪細胞が分泌するレプチンが減って満腹を感じなくなり，逆に胃が分泌するグレリンが増えて食欲が湧いてきます。さらに，免疫機能や自律神経が低下します。そうして，血流量も低下して，肥満や老化も進み，脳梗塞や感染症を患いやすく，うつ病，糖尿病，がんなどを発症するリスクが高まります。

　早寝・早起きや体温が高くなる夕方の運動をお勧めしますが，それが無理ならば，せめて太陽光を浴びる規則正しい生活を心がけ，バランス良い朝食や一日三食を摂るようにしましょう。

2．身だしなみとファッションの違いを理解しよう

　インターンシップに参加する女子大生が，直前になって不安になり，相談にくることがありますが，共通する問合せの一番に，「平服とあるのですが，何を着ていけばよいのですか？」という質問があります。平服とは略礼装であって，日常の普段着や楽な服装という意味ではありません。また，仮に「カジュアル」と言われた場合でも，それは襟なしのTシャツにジーパンでも良いというものではありません。どの程度までラフにして良いのか，どこまでが許容範囲なのか，場所柄を弁別して，身なりをどう整えるべきなのか，自分で判断することができない学生が増えているように思えます。

　たとえば，読者の皆さんが大学生だとしたら，自身の身だしなみが，他者にどのような印象を与えるか，想像を巡らせてみてください。皆さんは大学生で，面会す

る相手は年上の社会人，そしてこれからインターンシップに参加する場面で，「格好は平服で」と言われたら，迷う余地はないはずです。でも迷うのが，いまどきの学生のようです。

　ところで，日本では，就職活動となると不思議なことに，男性・女性がそれぞれリクルートスーツを着て，黒い鞄に黒い靴を履いて，髪を束ねる等の似たような格好をします。このスタイルはいつから出現したのでしょうか？

　そもそも四年制大学は，帝国大学令（1886年施行）をはじめとして確立し，私立学校令（1899年施行）や大学令（1919年施行）を経て，国公立や私立の大学が林立し定着しました。また，国家公務員の採用試験である高等文官試験が文官任用令（1893年施行）で導入され，また民間企業でも新卒一括採用制度が1895年頃から導入されました。明治時代は，政治・行政や経済界の中枢を占める人材の多くは，旧幕臣や藩閥出身者で構成されていました。ところが，こうして高等教育や卒業後の進路（職業軍人を含む公務員や民間企業の幹部候補生など）が確立すると，四年制大学へと全国の有能な人材が集まり，在学中や卒業後の立身出世競争が定着していきました。

　とはいえ，四年制大学へ進学でき，なおかつ官吏（かんり）やビジネスパーソンなどとして活躍できた人材は，明治・大正時代を通してごく限られた狭き門でした。大学進学率が伸張するのは，昭和時代に入った1920年代後半以降で，その人数は戦前の「文部省年報」を参照すると，全国で総勢20万人前後と限られます。その頃，お揃いのリクルートスーツがあったかどうかは，関連する研究は不十分で残念ながら定かではありません。

　ここで忘れてはならないのは女性の動向です。1913年に，東北帝国大学（現・東北大学，1907年設立）で4人の女性の受験が認められ，その内の3人が合格して，日本で初めて女子の大学生が誕生します。3人は卒業して，そのうちの1人の黒田チカ（1884〜1968年）は，女子師範学校（現・お茶の水女子大学，1890年設立）で学んだ後，29歳で東北帝大へ入学し，卒業後は英国オックスフォード大学（1096年設立）などへ留学し，さらに理化学研究所（1917年設立）の嘱託で紅花の色素の研究などを行いました。また丹下梅子（1873〜1955年）は，日本女子大学校（1901年設立）の一期生ですが，40歳で東北帝大へ入学し，卒業後は米国ジョンズ・ホプキンス大学（1876年設立）などへ留学し，さらに理化学研究所でビタミンの研究などを行いました。日本初の女子学生は，いわゆるリケジョ（理系女子）だったのです。

　大学進学率が飛躍的に上昇するのは，戦後の学制改革を経て，四年制大学とともに短期大学が続々と設立され，高等教育の機会が拡大するとともに，高度経済成長期に右肩上がりに増加してきました。短期大学への女性の進学率の推移を見ると，

1970年代前半のわずか6年間で10％前後から20％前後へ急拡大しました。こうした過程を経て，1970年代末頃から，卒業時を控えた時期に，現代に通じるリクルートスーツが出現してきました。

　話を元に戻して，平服でインターンシップへの参加を求めた企業・団体の側は，大学生たちに何を求めているのでしょうか？　なぜ平服なのでしょうか？

　放送，広告，デザイン業界，あるいはファッション性の高い企業へインターンシップや会社説明会に参加した学生の中に，「派手な髪の色をした社員を沢山見かけたので，自分も少しだけ毛を染めて就活しても大丈夫だろう」と判断する人が多いのに驚かされます。社会人として，実績を積み信用・信頼を得た人が，個性的でファッショナブルな服装やメイクなどをするのと，実績の少ない学生が，それを真似た格好をするのとでは，立場が違います。

　「格好は平服」と指定された段階で，目上の方を意識した，しどけなさを感じさせない服装，いわゆるオフィス・カジュアルを選択するのが大前提となります。

　最後に，演習科目（ゼミナール活動）のOB・OGが集う同窓会へ現役として参加する際や，企業・団体のインターンシップなどの対外的な活動へ参加する際の，身だしなみに関するポイントをまとめておきたいと思います。

①衣服に皺（しわ），よれ，ほつれ，毛玉などはありませんか？
　＝面会するまでに，細部まで目配りができていますか？
②上衣（うわぎ）は胸元が大きく開いていませんか？
　＝目上の方へ挨拶をすることを想定していますか？（襟のある上品な服が望ましいです）
③上衣の着丈は短かすぎませんか？（腕を挙げることを想定しましょう）
　＝どんな状況になろうとも，すぐに対処できる姿勢を準備していますか？
④スカートの丈は短かすぎませんか？（座ることを想定しましょう）
　＝おしゃれと身だしなみとの違いを理解していますか？
⑤靴は綺麗ですか？（店頭販売などを除き，サンダルやブーツで勤務するとは想定しにくいものです）
　＝爪先まで神経が行き届いていますか？（爪先の隠れた靴が望ましいです）
⑥靴はかかと（ヒール）が高すぎませんか？
　＝常にコンディション良く働ける配慮ができていますか？（疲れにくい3〜5cmが望ましいです）

なお，メイクアップ（英語でMakeup，化粧）に関して，一言申し添えておきま

しょう。デジタル技術を活かして顔を加工する，いわゆる「盛り」は写真だけです。

　メイクアップに流行り廃りがつきものです。200 年前の化政文化期には，白粉を濃く塗って目を細く見せるのが流行りました。八頭身の「江戸のヴィーナス」を描いた鳥居清長（1752〜1815 年）や，白雲母に浮かぶ色っぽい美人画の喜多川歌麿（1753 年？〜1806 年）などの浮世絵に代表されるメイクアップです。

　その約 100 年後の大正時代にはアイシャドー（英語で Eye Shadow）などの黒いアイメイク用品が欧米から紹介され，大きな目が流行りました。竹久夢二（1884〜1934 年）や中原淳一（1913〜1983 年）などの女性の肖像画に象徴されます。そんななかでも鏑木清方（1878〜1972 年）の「築地明石町」に代表されるような，100 年経った現代でも通じる上品なメイクや立ち姿は参考にすべきでしょう。あでやかで美しいことを﨟闌けた風情といいますが，それは 21 世紀の現代でも科学的に未だ分析しがたいものです。上記のような美術品から学ぶことは多々ありそうです。

3．ICT のリスクを理解して使いこなそう

　電子メールやブログ，Twitter，インスタなどで，膨大な情報が 24 時間，個人間を飛び交う社会になりました。デバイスの電源を入れ，自分の意思でアクセスしなければ，情報を遮断できます。でも一端アクセスすると，快・不快や有害・無害，根拠の有無も関係なく，情報があふれ，知らず知らずのうちにネット依存症やネット中毒と呼ばれる行動が常態化しています。

　第 1 章で触れた第 4 次産業革命とともに，新しい技術を使いこなすバックグランドとして，利用者の情報リテラシーがますます大切になってきています。そこで，情報の受信者として，または発信者として，どのような心構えが必要でしょうか。

　大学・大学院などの高等教育においても，情報リテラシーの習熟が必要であるとの認識から，私立大学情報教育協会は 2014 年に『情報リテラシー教育のガイドライン 2015 年版』を発表しています。そこでは，情報リテラシーとは，「情報から知識を構成し，知識を組み合わせて新しい考え方を創造する」ことであると定義して，その到達目標として次の 3 つの方向性を挙げています。同協会は，これらの目標へ向けて，専攻学科別に教材研究や授業案の検討を積極的に行っています。

①問題を発見し，目標を設定したうえで解決に取り組み，ICT を適切に活用して新しい価値の創造をめざして取り組むことができる。
②情報社会の有効性と問題点を認識し，主体的に判断して行動することができる。
③ICT の仕組みを理解し，モデル化とシミュレーションを問題発見・解決に活用

することができる。

　SNS などを用いたコミュニケーションは，学生に限らず現代人が等しく直面する新たな現象で，当然ながら活用策や問題点への認識などが求められています。ここでは，そうした点に関する常識を確認しておきましょう。

（1）ICT の利用者としての注意点

　ICT を使いこなすためには，安全性やリスクに関する知識と技能を，特にトラブルが発生した時の対処方法などを心がけておくことが必要です。

① ウィルス感染の危険です。クラッカーやマルウェアの侵入を監視するために，大学や企業・団体などに配置されたパソコンなどのネットワークは，ファイヤーウォールがたいていは設定されています。でも，個人が所有するスマートフォンやパソコン等のデバイスは，自分の責任でセキュリティソフトの導入・更新が必要です。

② 情報漏洩（ろうえい）の危険です。自分でできる防衛策として，パスワードを使い回さないなどの最低限のルールを心がけましょう。また，外出先での利用環境にも気をつけましょう。通学・通勤の電車内や，カフェやサテライトオフィス等の不特定多数の人がいる場所でのデバイスの利用も注意が必要です。のぞき見を防ぐためのプライバシーフィルターを装着するのは当然ですが，そうした場所での利用は極力避けたいものです。また，無料 Wi-Fi は，暗号化などのセキュリティ対策がまだ不十分です。つながりが悪くて接続し直す場合，偽の Wi-Fi スポットへ誘導されて，メールアドレスやパスワード，通信内容などを盗み取られる可能性があります[3]。在宅勤務（リモートワーク）やモバイルワークが増加しつつありますが，セキュリティ対策を怠ると，情報漏洩やシステム障害につながり，処罰の対象となります。持ち運べる自前の Wi-Fi ルーターや，VPN（仮想私設網）を利用するなど，常に情報漏洩のリスクをなくすよう，あっても最小化するよう意識しましょう。

（2）情報の受信者としての注意点

① 情報の転用です。これは，知的財産権や肖像権などに関わることです。たとえば，課題レポートを作成するために，ネット検索して適当な情報をコピペして提出した場合，これは著作権侵害で，立派な犯罪です。剽窃（ひょうせつ）（盗用）は未成年だからといって許されるものではありません。他人の主張を紹介するための転

載と，自己の主張を補足するための引用とでは目的が異なります。転載する場合は許可が必要です。他人が作成した文章や写真，図表，統計などを引用する場合ついては，出典を併記するよう心がけましょう。また，プレゼンテーションやスピーチにおいても同様です。書籍やネット検索などで得た他人の主張などを，さも自分のアイデアであるかのように表現するのは慎むべきです。流行語を引用したり，他人の表現（他人が考え出した新しい造語など）を真似る場合は，細心の注意を払うべきです。

②情報の信憑性です。たとえば，ネット検索していて，この情報は使える，これは面白い等と思った場合，一度立ち止まって考えてみましょう。発信者はそもそも個人か組織か。発信者の心理や目的（金銭欲，名誉欲など），思想（政治，宗教など），取材源（出典，伝聞など）などはどうか。情報に偏りがないか。これらを識別する必要があります。不特定多数へ拡散された虚偽報道（フェイクニュース）や不正確な情報に惑わされないことが基本です。

③自分に関する情報の防衛策です。たとえば，見ず知らずの第三者がネットに書き込みをしたり，顔写真を掲載して，勝手に流布し拡散するリスクがあります。発信者の動機として，嫉妬や誤った正義感など，さまざまな要因が考えられます。こうした場合，発信者に対して削除を速やかに依頼しましょう。削除を依頼することは，表現の自由への侵害や業務妨害ではありません。特に事実無根のネット上の誹謗中傷に関しては，最寄りの警察署（サイバー犯罪などの知能犯を取り締まる課）などに相談の上，速やかにネット上で対抗措置を施しましょう。該当する記事のアドレスやタイトルなどを特定して，それが事実無根であること，また警察や関係機関と連携して対処していること，さらに「無視してください」と読者へ促すこと等を勧めます。

（3）情報の発信者としての注意点

①情報の匿名性と責任です。特に有害情報や根拠のない情報を，故意に，あるいは未必の故意（結果を予想しながらあえて実行する）を含めて発信することは厳に慎むべきです。匿名でのネット上の書き込みだから，マスメディアほど影響力はないと高を括ってはいけません。あるいは，SNSなどは非公開だから問題ないと思い込んでもいけません。アルバイトやインターンシップ，就職活動の愚痴や本音，あるいは内緒話や秘密，裏垢の悪口・陰口，こうした類いの書き込みは，第三者へ流出して，筒抜けになるリスクが大きいのです。妬み・恨み・焦りなどの感情の制御が利かない状態から，故意にあるいは意識せずに，他人を物質的又は精神的に傷つけてしまうことがあります。そして，民事上ま

137

たは刑事上の犯罪に発展する恐れがあります[4]。

②事故による情報漏洩です。故意ではなくとも，重要な情報を第三者へ漏洩するリスクを最小化するよう，細心の注意を払いましょう。スマホでメールをやりとりするのが日常化していますが，無料 Wi-Fi を利用する場合は前述のとおり，慎重に行いましょう。また，大切な文書はパスワード付きのファイルで送り，パスワードは同じメールソフトではなく，スマートフォンのメッセージで伝える等の工夫をしましょう。

③内部告発に関する情報の取り扱いです。大学や企業・団体などの不祥事や隠蔽，たとえば，自動車会社のリコール隠しやホテル・飲食店の食品偽装などについて，社員として内部告発する場合，情報の真実性や公共性などが問われます。また，通報先を組織内部とするか，監督官庁や警察，もしくはマスメディアなどのいずれにするか，慎重に対処する必要があります。日本では，内部告発を行った人を保護する目的で，公益通報者保護法（2006 年施行）ができました。

　第 1 章で述べた第 5 世代の ICT を使いこなすことで，個人レベルで情報を発信し，受信することができる，ネットワーク状に個人どうしがつながったメディア，いわゆるソーシャルメディアが発達しつつあります。それに伴い，新聞や書籍の売上部数の低下，単館常設の映画館の閉鎖，ラジオやテレビの広告収入の低下など，既存のマスメディアの存続を危ぶむ声があります。とはいえ，その影響力は依然として根強く，その社会的責任はなくなっていません。

　時折，作為や捏造によるやらせ（仕込み）事件が発覚し，信頼を裏切ることがあります。こうした事態に備えて，テレビに関しては，NHK（日本放送協会，1924 年設立）と日本民間放送連盟（民放連と略記，1951 年設立）が，1997 年に BRO（放送と人権等権利に関する委員会機構）を組織し，2003 年に BPO（放送倫理・番組向上機構）として再編し，放送倫理に抵触しないか，常に各局の番組内容をチェックしています。また，新聞各社は問題が発生した場合，検証を行う第三者委員会を組織するなどの対処をしています。

　いずれにせよ，社会人としての常識の 3 番目として，ICT の利用者として，また情報の受信者や発信者として，無頓着でなく，学生時代からその活用策とリスクを身につけるべきでしょう。

4．学修態度・生活態度を改善しよう

　　女子大生らから頻繁に尋ねられる質問のひとつに，「学生時代に一番心がけるべきことは何ですか？」といった主旨の問いがあります。個々の学生によって，抱く夢やキャリアの描き方が異なり，それに応じて丁寧に助言するよう著者は心がけています。助言の多くは，人生 100 年時代へ向け，女性がはじめの一歩を歩み始めるうえで基本となる事項です。概して言えば学修態度・生活態度の改善に関わることです。

①夢を実現するには，人との交流が不可欠で，コミュニケーションを上手に図ることが大切であることは第 4 章でも述べたとおりです。その際，臆せずに多くの人と出会い，労を惜しまずに現場に足を運び，想定外の出会いで視野を広げて，気づきや発想（閃き）を得ることです[5]。

②この世に存在する多くのモノ・人工物（無形の民俗文化，口承伝統などを含む）は，人の手によって生み出されたものです。目に見えない努力や気遣いの末に存在することに対しても，思いを巡らせるようになりましょう。また同時に，人の手によらない創造物，つまり自分自身の生命や身体をはじめ，動き続ける地球や鉱物，植物，動物などの自然物に対して，人間の叡智では理解できないことが沢山あることに気づき，感謝し，謙虚になるべきでしょう。

③夢を実現するには，自分への投資も不可欠です。自己研鑽のために，限られた所持金をいかに有効に活用か（資産の運用方法）が問われます。ぜひとも学生のうちに金融経済教育[6]，租税教育[7]，法教育[8]などの機会を得て，奨学金の返済計画をはじめ，結婚・育児などの将来の資金計画，社会的な貢献などについて考えを巡らせましょう。

④犯罪被害や不可抗力の事態に備え，危機管理能力を養いましょう。強盗，暴行，窃盗などの刑法犯（刑法に依り処罰が下される犯罪），および交通事故，医療事故，痴漢被害，隣接地のマンション建設に伴う騒音被害・日照被害など（刑法以外の法律・条例に依り処罰が下さる犯罪）に巻き込まれる可能性があります。また，核物質（英語で Nuclear），生物（Biological），化学物質（Chemical）などによる事故やテロリズム（英語で Terrorism，政治目的による暴力・脅迫行為）に巻き込まれるリスクも存在します。生命や財産を守るための情報収

集，保険加入，避難方法などを心がけましょう。

⑤時間は誰にも等しく与えられたもので，人生は永遠ではなく有限です[9]。予習・復習の時間をいかに確保するか，アルバイトを優先すべきか否か等，自分が取り組むべき課題に優先順位をつけ，やるべきことに対して真摯に，一所懸命に取り組むようになりましょう。東京商工リサーチ（1892 年創業）の調査によると，2018 年に倒産した国内企業の平均寿命は 24 年です。20 歳過ぎから 75 歳頃までの半世紀近くを企業・団体で働くとしたならば，企業の寿命から逆算すると，生涯 2・3 社に所属する計算となります。

⑥働き方や生き方においてデミング・サイクル，いわゆる PDCA サイクル[10]を回し続ける習慣を身につけましょう。計画に始まり，実行・評価・改善，そしてまた計画・実行・評価・改善。あなたの先見力，決断力，実行力などを鍛えましょう。なかでも内省（リフレクション）が大事です。自分自身を見つめ直すこと，そして改善点はすぐにも修正することを習慣化しましょう。

　実社会は年齢，国籍，技能などの違いを問わず，実力が試される戦場ともいわれます。学生時代は，その戦場へ出る前の最後の砦(とりで)といえます。けれども，砦を離れたらもう最後，二度と戻れないというわけではありません。実社会から少し離れて，自分を見つめ直すことは誰にも必要ですし，それは可能です。たとえば，専門学校で特殊な技能を習得したり，大学へ編入学したり，大学院へ入学したり，あるいは海外留学を検討することもお勧めします。キャリアの歩みを止(と)め，自身の働き方，生き方を総点検する良い機会になることでしょう。

■註

1：国立教育政策研究所（1932 年設立）が，2014・16 年に短大生を含む大学生の学習行動の調査を行い，1・2 年生の 1 週間当たりの授業出席時間は平均約 20 時間ですが，授業外学習（予習・復習）は平均約 5 時間，授業関連以外の学習時間は平均約 2.5 時間と非常に短いことを明らかにしました（濱中義隆 2016, 2017）。この数字は 2007 年と比較しても改善されていません（東京大学 2007, 2009）。

　　なお，2014 年の調査の対象者は，短大生 5,952 人を含む大学生約 2.8 万人（昼間部・夜間部）でした。また，2016 年の調査の対象者は，短大生 5,471 人を含む大学生約 2.6 万人（同）でした。

2：体内時計（英語で Circadian rhythm，日時計(じっ)）を生み出すメカニズム（4 種類の遺伝子）は，米国ブランダイス大学（1948 年設立）のジェフリー・ホール博士（Jeffrey C. Hall, 1945 年～）とマイケル・ロスバシュ博士（Michael Rosbash, 1944 年～），および米国ロックフェラー大学（1901 年設立）のマイケル・ヤング博士（Michael W. Young, 1949 年～）が 1984 年に発見し，2017 年にノーベル生物学・医学賞を受賞しました。また，米国ノー

スウェスタン大学（1851 年設立）教授のジョセフ・バス氏（Joseph Bass, 1966 年〜）は，体内時計と肥満・血糖値・インスリン分泌との因果関係をマウスを用いて解明しました。

3：Wi-Fi Alliance（1995 年設立）の認証プログラムである WPA2 方式や WPA3 方式は，Wi-Fi 利用者を識別して個別に認証するので，安全性が高いです。クラッカーは偽の Wi-Fi スポットを，同じ識別名（SSID）で強い電界を作って傍受したりします。

4：他人の社会的評価を低下させれば，①民事上の名誉毀損が成立します。②慰謝料などの金銭賠償（民法第 417 条），③謝罪広告などの被害者の名誉回復の為に適当な処分（民法第 723 条）などで償わなくてはならなくなります。それに加え，④著作権侵害（著作権法第 115 条）をはじめ，⑤虚偽申告罪（刑法第 172 条），⑥脅迫罪（刑法第 222 条），⑦名誉毀損罪（刑法第 230 条），⑧侮辱罪（刑法第 231 条），⑨信用毀損罪（刑法第 233 条），⑩業務妨害罪（刑法第 233 条）などを冒す恐れがあります。噂を立てることで，第三者を唆し，その第三者が犯罪を実行した場合でも，⑪教唆犯（刑法第 61 条）や⑫幇助犯（刑法第 62 条）などが成立する可能性があります。さらに，社会人として，顧客情報や取引上の守秘義務などを第三者へ漏洩した場合は，⑬秘密漏示罪（刑法第 134 条）や⑭不正競争防止法違反などのリスクもあります。

5：映画監督の山田洋次氏（1931 年〜）は，1969 年から半世紀に渡り映画『男はつらいよ』（計 50 作）を撮り続けました。山田監督は 2019 年 12 月 14 日付け日本経済新聞（1876 年創業）で，人間同士が触れ合う機会が失われ孤独になり，決まり事ばかり作って住みづらく寂しくなったと語っています。江戸っ子は手前ばかりが得をする了見違いは大嫌いで，柴又（東京都葛飾区）生まれの主人公の寅さん（車寅次郎）はいつも他人の幸せを最優先してきました。そんな寅さんの傍らには，いつも温かく見守る女性，養母・車光子と異母妹・さくらがいたことを忘れてはいけません。

6：金融庁（金融経済教育研究会）は 2013 年に，最低限身につけるべき金融リテラシーとして，①家計管理，②生活設計，③金融知識および金融経済事情の理解と適切な金融商品の利用選択，および④外部の知見の適切な活用の 4 分野にわたり，計 15 項目を示しています。

7：アルバイト代の確定申告の仕方をはじめ，給与所得の源泉徴収票（会社員や公務員などの給与所得者）や確定申告書（自営業者や農業従事者，不動産賃貸業者など）の読み方などについて，国税庁のウェブサイト（https://www.nta.go.jp/taxes/kids/）などが参考になります。

8：日本における成年年齢は 1876 年以来 20 歳でした。2018 年 6 月の民法改正で，2022 年 4 月 1 日から成年年齢が 18 歳に引き下げられ，女性の婚姻開始年齢が 16 歳から 18 歳に引き上げられることになりました（男女とも 18 歳に統一）。婚姻・相続・契約をめぐる個人情報の取扱い，競争政策（効率と公正など），紛争処理（対立と調停と合意など）等について学ぶ機会を得ましょう。

9：厚生労働省が 2019 年 7 月末に発表した簡易生命表（2018 年度分＝2018 年 10 月 1 日の推計人口や人口動態統計の概数値（死亡数・出生数）より，死亡率や平均余命などの指標を算出）によると，男性の平均寿命（0 歳児の平均余命）は 81.25 年，女性は 87.32 年です。なお，最新の絶対生命表（5 年ごとの国勢調査の結果や人口動態統計の確定値で算出）は 2015 年度で，男性の平均寿命は 80.75 年，女性は 86.99 年です。

10：米国の統計学者のウィリアム・デミング（William Edwards Deming 1900〜1993 年）は，GHQ（General Headquarters の略記，連合国軍最高司令官総司令部）の占領統治（1945〜1952 年）下の日本で，日本企業経営者へ工学的な製造管理手法を指導しました。1950 年に，製品の品質管理手法として Plan（計画）→ Do（実行）→ Check（評価）→ Act（改善）

の4段階を繰り返すデミング・サイクル（PDCAサイクル）を提唱し，1980年代半ば以降，checkをstudyに変え，結果の分析を重視するようになりました。

■引用・参考文献

岡村定矩・三浦孝夫・玉井哲雄・伊藤龍一（編著）（2015）『理系ジェネラリストへの手引き～いま必要とされる知とリテラシー』日本評論社：pp.184-192.

清水唯一朗（2013）『近代日本の官僚～維新官僚から学歴エリートへ』中央公論新社

私立大学情報教育協会・情報教育研究委員会（2014）『情報リテラシー教育のガイドライン2015年版』

瀧川裕英（編著）（2016）『問いかける法哲学』法律文化社

W. エドワーズ・デミング，NTTデータ通信品質管理研究会（訳）（1996）『デミング博士の新経営システム論～産業・行政・教育のために～』NTT出版：pp.150-152/173.

東京大学大学院教育学研究科大学経営・政策研究センター（2007，2009）「全国大学生調査」，（http://ump.p.u-tokyo.ac.jp/crump/cat77/cat82/post-6.html）.（2020年1月15日参照）

濱中義隆（2016）「大学生の学習実態に関する調査研究について（概要）」国立教育政策研究所　平成27年度研究成果：pp.1-6.

濱中義隆（2017）「平成28年度　大学生等の学習状況に関する調査研究―結果の概要（大学昼間部）―」国立教育政策研究所　平成29年度研究成果『学生の成長を支える教育学習環境に関する調査研究【平成28～29年度】』：pp.1-8.

溝上慎一（2018）『大学生白書2018　いまの大学教育では学生は変えられない』東信堂：pp.6/8-12.

村上陽一郎（1994）『文明のなかの科学』青土社：pp.53-70

—— 第7章のポイント◆

- 社会人になるまでの準備としては，①時間を守り，心身ともに健康を維持すること，②身だしなみとファッションの違いを理解すること，③ICTのリスクを理解して使いこなすこと，および④学修態度・生活態度を改善することが挙げられます。これらの心構えは，社会人としてキャリアを重ねていく前に身につけておきましょう。

第**8**章

就職活動への準備

キーワード：ファーストキャリア，一座一会，質問力，準備が9割

　社会人となるために必要な能力や態度を修得したら，いよいよ就職活動（就活と略記）を始めます。採用する企業・団体は良い人材を早く確保したいため，他社に先駆けて採用活動を始めたいものです。他方，就職活動をする当事者にとっては，いつ頃から始めるべきかが悩みどころです。

　日本経済の成長期である1952～1996年の間，卒業見込みの学生の採用選考を何月何日から開始するか，いわゆる就職協定が大学・短大側と企業・団体側などの間で合意のうえで存在していました。1997年以降は，企業・団体側は卒業学年に達しない学生に対する面接や試験などを自粛するとの建前のもと，学事日程への影響が少ない限り前倒しして採用選考を開始する状況にあります。

　したがって，就職活動に対する心構えは，二年制の短大生なら入学早々から，四年制大学ならば3年前期の頃から意識していくことが望ましいでしょう。そして，夏・冬・春の長期休暇をいかに過ごすか，計画性をもつことが肝要です。宿題に追われることもなく，自分の一存でいかようにも変わります。まとまった時間を自由に過ごすことができる，またと無いチャンスです。

　二年制の短大生の場合，入学した翌年2月から就職ガイダンスや企業説明会に参加することになります。著者のキャリア教育科目では，毎年7月に就職活動を終えた2年生が教壇に立ち，夏期休暇以降の過ごし方や就職活動の経験談などを1年生へ語ってもらっています。就職活動への心の準備を，就職ガイダンスよりも半年以上前からスタートしています。時間的余裕ができると，心理的抑圧からくるストレスや，周囲の期待からくるプレッシャーなどを軽減させることができます。

　ところで，2017年以来の政府主導の働き方改革の一環で，転職（中途採用）や副職が奨励され，特に転職は，2010年代以降に対象となる業種・職種が拡大し，その社会的評価が好転し精神的負担も軽減しています。そうした世相を反映して，「新しい仕事や職場になじめなかったら辞めて，すぐに転職をすればいい」と，就職を安易に考える若者も増えていると著者は実感します。

　でも，人生で最初の就職は社会人としての最初のキャリア構築，いわばファーストキャリアです。当然一生に一度しかありません。皆さんが結婚や出産で退職し，その後復職する時，このファーストキャリアは履歴書（職歴）の1行目に記載され，組織人としてどんなスタートを切った人材なのかを示す，貴重な信頼の拠り所となるものです。

　「転職とは，以前の業績が評価され，天職を見いだすキャリアアップのためにするものです」と著者は常々説明しています。読者の皆さんがもし現時点で大学生であるとしても，卒業後に正社員ともなれば，社会的責任の伴う組織人として，組織マネジメント力がある人材として受け止められます。

　悔いの無い就職活動を実現するためには，モチベーションを維持して最後まで貫徹する精神力が問われています。毎朝，着慣れないビジネススーツを身にまとい，何社もの企業説明会へ参加し，いろいろな業種・職種に思いを巡らし，面接試験で緊張し，失敗すれば思い悩む。同級生が自分より早く内定が決まっても決して動揺しない。仕事を通じて，自分自身が成長できると思える企業・団体に巡り会えるまで頑張り続けましょう。

　茶聖・千利休（1522～1591年）の「一座一会」，いわゆる一期一会の精神と同じく，就職活動で相手に与える第一印象は一度しかありません。二度と巡ってこない出会いを大切にしたいものです。本章では，第一印象を特に「きちんとした」「丁寧な」「誠実な」ものとすべく，そうしたことを前提とした就職活動の進め方について理解を深めていただきたいと思います。

1.　身だしなみを整える

　第1に，リクルートスーツについてです。就職活動をするうえで必ず着用するリクルートスーツはできる限り早めに購入しましょう。

　その際にはまずデザインに注意しましょう。同じリクルートスーツでも，襟（えり）の形や開き，袖のデザイン，ボタンの材質などが微妙に違います。いくつかの店舗を回り，着心地の良い，顔の輪郭や体形に合った，自分が一番よく見える一着を選びましょう。何着か試着してみるとその違いに気づくはずです。次に，余裕をもったサイズを選びましょう。説明会や面接で椅子に座った時，あるいはグループワーク等での作業でしゃがんだ時，皺（しわ）にならないように少しゆとりのあるサイズを選びましょう。さらに，素材も薄すぎず厚すぎず，機能性に充分配慮しましょう。また，生地の織りや柄も気をつけましょう。リクルートスーツのなかにはストライプの入ったものもありますが，どんな業界にも癖がない無地が無難です。

　第2に，髪型についてです。お辞儀をした時にも前髪が目元に落ちないように，きちんと留めましょう。会釈をしたり，首を振ったり，相槌をする時などに前髪が顔を覆うように前へ落ちると，その都度に手で掻き上げる仕草をせねばならず，面会している相手は良い印象をもつとは限りません。そうしたリスクはできるだけ最小化するためにも，髪型には注意を払いましょう。

　第3に，靴についてです。つい忘れがちですが，黒色の安定したヒール（3〜5cm）のものを選びましょう。新しい靴を一日中履いていると誰でも疲れます。最初は数時間，それから半日，さらにそれ以上と徐々に履き慣れてから就職試験に出かけましょう。

2．履歴書やエントリーシートに記入する

　第1に，顔写真についてです。「履歴書の写真はどれほど重要ですか？」と尋ねる学生や，面接で実物を見てもらうのが一番だから写真はそれほど拘る必要がないのではと考える学生がいます。

　でもよく考えてみてください。採用選考する企業・団体側では，複数の面接官がそれぞれ面談した何十人，何百人もの候補者について評価する時，あなたの印象を鮮明に記憶している面接官は限られます。つまり，履歴書の写真は，あなたが面談を終えた後に自分の分身となって，選考する過程で有力な材料となるのです。

　ことわざに「目は口ほどに物を言う」とありますが，目元や口元などの表情が与える印象，髪型や上半身の服装などが醸し出される雰囲気は，あなたの人柄や性格などを映し出している可能性が大きいです。写真館などで，プロのカメラマンによって撮影された顔写真を用意することをお薦めします。きちんとした写真を貼付しているかどうかも，社会人としての心構えの現れです。

　第2に，捺印についてです。履歴書は市販のもの，または企業・団体が指定された用紙を使用しますが，捺印はインクが乾くのに時間を要することから，余裕をもって何枚か用意しておくことをお奨めします。予め捺印された履歴書があれば，いつでもすぐに書き始めることができます。

　履歴書へいろいろと記入し，署名をして，最後に印鑑を押す段階になって，少し曲がってしまったらあなたはどうしますか？　「このくらいなら大丈夫ですよね？」と思う学生が意外にも多いのに驚きます。「大丈夫」といった物差し（価値観）は社会では一切通用しません。そんなことが無いように，予め綺麗に捺印をした白紙の履歴書を手元に置いておきましょう。

　第3に，筆記用具についてです。履歴書をどのペンで書くのがよいか，尋ねる学

生がいます。この点については，自分にとって書きやすく，使い慣れた黒色の油性ボールペンを探しておくことをお奨めします。著者は学生たちにデスクペン（700～1,000円程度の安価な万年筆）も勧めています。履歴書が幾人もの人に閲覧される過程で，掠（かす）れにくく，にじまないことが大切です。シャープペンシルでは文字が擦れて読みにくくなるリスクがあり避けるべきでしょう。また，ゲルインクのボールペンは書き心地が滑らかですが掠（かす）れのリスクがあり，いずれも履歴書などの私署証書には適しません。自分らしい字が書ける一本を見つけておくこともまた，社会人としてキャリアを築くうえで大切なことです。字体からも仕事をする姿勢（丁寧または雑であるか）が伝わります。

　なお，文字を修正したい時は，間違っても修正テープは使用せず，必ず書き直しをします。また，履歴書に下書きをする場合は，しっかりと消してから提出しましょう。

　第4に，質問事項についてです。主に次の3点が想定できます。

①自己PR＝大学入学前に取り組んだ課外活動（部活動や習い事など）や打ち込んだことも振り返りながら，恩師や仲間からもらった忘れられない言葉，チームワークやリーダーシップにまつわるエピソード，目標達成への努力や反省などを綴（つづ）って，丁寧に自身の強み（得意分野）や弱み（不得意分野）を振り返ってみましょう。親しい友人や社会人の先輩などに他己分析をお願いして，自分を客観視する習慣を身につけておくことも大切です。しっかりと自己分析ができている文章は，言葉一つひとつにも重みがあり，紙面を通しても読み手への説得力があります。読み手は，この学生に「会ってみたい」「話を聞いてみたい」と思うようになるものです。

②志望動機＝ここでは，どのような理由でこの企業・団体でないと駄目なのか，その理由が問われます。入社後のキャリア形成をどのように考えるか，つまり自分の生まれ育った背景や強み（得意分野）を活かして，その企業・団体でどんな経験を積みたいのか，その先にそんな未来を描いているのか等を読み手は期待します。入社が目的ではなく，入社後の働き方や生き方を視野に入れた，あなたなりのストーリーが望ましいです。誰とどんな経験をしてみたいのか，絶対にこの企業・団体に入社したいという，あなたの意欲をぜひ自分の言葉で描いてみてください。

③学生時代に一番頑張った事柄＝この点について一番多い質問は，「アルバイトは駄目ですか？」というものです。学費や生活費を捻出するためにアルバイトに励む女子大生も増えています。ですが，アルバイトに専念するあまり，昼

　間，大学でウトウトと舟を漕ぐようでは，本末転倒です。大学での学修は将来への先行投資のはずです。ここでは，大学で履修した科目から芽生えた興味関心，あるいは授業外での経験（たとえば，サークル活動やボランティア活動，海外留学，資格取得など）等，限られた時間でいかに充実した深い学びを経験してきたか，自己を振り返って語ってみてください。突飛な経験を読み手が期待しているわけではありません。良き人材を見抜く名伯楽（はくらく）は，あなたの資質や姿勢を見ているのです。

3．会社説明会

　大学卒業を控えた学生たちは，会社説明会へそもそも何を目的に行くのでしょうか？　その企業・団体の概要を聞きに行く，目的意識が不明確な，受け身の姿勢ではもったいないです。そこでは，大学の就職センターに保管されている会社案内などの紙媒体や，企業のウェブサイトなどの電子媒体では得られない情報にあふれています。もし入社できるご縁があれば，一日8時間強，昼間のほとんどをその職場で過ごすことになるのです。社風に適応できるか，働き続けることができそうか等，五感を働かせて認識する絶好の機会です。

　会社説明会の当日までに，調べがつく範囲のことは可能な限り行ったうえで臨むべきです。有価証券報告書をはじめ，投資家などに向けて公表されたIR情報，関連する書籍・雑誌や論文などを紐解（ひもと）き，その企業・団体について調べるとともに，ライバル関係にある同業他社との比較や業界全体の動向を俯瞰（ふかん）する視点をもち，国内外の取引先などまでも視野に入れて洞察することも必要でしょう。また，一般公開された工場見学会や対面販売などを行う店舗などがあれば，実際に足を運んで，現場の空気に触れ，スタッフの方々と対話することも有意義でしょう。

　そのようにした後に会社説明会に参加するならば，さぞかし積極的な姿勢で臨み，下調べが無ければ気づかないようなことにも気づくことでしょう。そうではなく，ほぼぶっつけ本番の受け身の姿勢で参加するならば，配付資料に目を通せばわかるようなことを，うっかり質問してしまうかもしれません。

　なお，会社説明会や工場見学会などに参加する際に，撮影や録音，メモなど記録に残したい場合は，必ず許可を得るように心がけましょう。これもまた，実社会では常識です。また，確認したい疑問などがある場合は，帰り際に「質問をしてもよろしいでしょうか？」と声かけをしてから，個別に伺うのが望ましいでしょう。

　会社説明会を終えた学生から，「こんな質問をしては不採用になるだろう」と尻込みをして，質問をためらったとの感想を時々聞きます。どんな質問内容でも，相

手の立場に立って尋ねることができるかが大切です。もちろん，質問内容には，日頃いかに物事を捉え，どんなに深く考え行動しているか，学修成果が質問力に自ずと現れます。だからといって遠慮したり，知ったかぶったりして見栄を張る必要はありません。その企業・団体をもっと理解したい，本当に入社したいと思うならば，躊躇する必要はありません。

　最後に，質問に応じてくださった方のお名前もぜひ憶えておきましょう。その後，二次面接，三次面接でもあなたの採用試験を見守ってくれるお一人になるかもしれません。

4．OB・OG 訪問

　入社したい企業・団体がいくつかに絞り込めた時点で，卒業された先輩を訪ねてみるのも，想像以上に貴重な知見となります。

　なぜ入社を決断されたのか，卒業してから現在までにどんな社会人生活を送ってこられたのか，仕事をするうえで何を大切にされてきたのか等の生の声を聞ければ，あなたが関心をもった企業・団体がどんな人材を求めていて，何を大事にして社員の皆さんは働いているのか，理解を深めることができ，現場で働く先輩からのアドバイスは最新情報にあふれています。ぼんやりしていた自分自身のキャリア形成のイメージが明瞭になることでしょう。

　先輩に会う場合，面識がある方ならば昔話などで話題が弾み，打ち解けやすいでしょうが，ひとたび入社希望の意志を伝えることとなれば緊張するでしょう。本番の面接試験の前の予行演習だと思って，積極的に出かけてみてください。

　先輩への御礼に，もし手土産を持参するならば，小分けになっている日持ちする焼菓子が望ましいでしょう。価格はアルバイトの時給相当で 1,000〜1,200 円程度でも，十分に誠意が伝わるものです。相手へ負担をかけることなく，感謝の気持ちを伝えることが大切です。

　また，帰宅後に，電子メールや手紙で御礼の気持ちを伝えしましょう。後日行われる採用試験の結果の合否を問わず，社会人の先輩に貴重なお時間を割いていただいた礼儀は欠かさずに行いましょう。もし採用試験を受けないことになったならば，その時点で書面にて御礼を伝えましょう。気持ちを表現した上品な紙質の便箋に，あなたの思いをのせて，丁寧な字体で綴ると，相手に不思議と伝わるものです。電子メールやプリントアウトした文書にはない味わいがあり，時間に余裕があれば手書きをお勧めします。

5．筆記試験

多くの企業・団体は，一次試験または二次試験で筆記試験を行います。高等学校，大学ともに AO 入試で進学してきた学生にとって，時間制限のある筆記試験は苦手意識があるようです。筆記試験対策として，さまざまな問題集が市販されています。著者は新入生に対して，SPI13 や玉手箱などの何冊かの問題集を見せて，就職活動への意識づけを行っています。

多くの企業・団体の採用選考では，面接や書類選考もさることながら，英語や計算などを含めた筆記試験が行われ，教養や時事問題が問われます。既存の組織に新たに加わるのですから，その組織が求める最低限度の知識・技能などを修得しておくのは当然です。大学と自宅を往復する通学時間や，隙間の時間を利用して，毎日10分程度でもコツコツと努力を重ねてゆけば，就職活動を迎えた頃に慌てることにはなりません。

6．グループディスカッションやグループワーク

企業・団体の採用選考過程で，最近は面接試験と同時に，グループディスカッションやグループワークを課すことが増えています。面接官との個人や集団の面談とは違い，面識のない学生どうしに特定の課題を課して，その言動を採用する側は観察します。そんな時，どんな姿を見られているのでしょうか？　実は，学生の皆さんが想像する以上に，その参加するメンバーの立ち居振る舞いや言葉のやりと

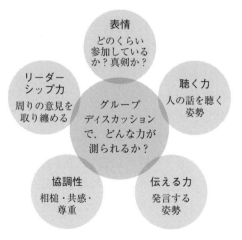

図8-1　さまざまな力が試されるグループディスカッション

り，顔の表情などから，図8−1に示すようなそれぞれのパーソナリティ（資質）や
モチベーション（姿勢）を知ることができます。

　リーダーシップ役が目立つので一番有利と誤解をされている方が多いようです。
自分にとって一番合っているポジション（立ち位置）で参加することを勧めます。
外見だけ良くて，体裁良く振る舞っても，傍からは不自然に映ります。目立たな
くても，相手の意見を汲み取り，聞き役が上手な学生もいます。メンバーの意見を
ひたすらノートにメモしたり，ホワイトボードに図や表を描いて論点を整理した
り，自分の特技を活かす姿は見事です。また，時間配分を考慮して，進行管理する
学生もいます。大事なことは，大学での専攻や出身地など出自が異なるメンバーが
集い，議論をする場合，相互の意見を尊重して，いかに課題のゴールをめざすか，
協調性が問われます。実社会では，不特定多数の人々が智慧や経験，私財などを持
ち寄って，協力して課題解決に取り組んだり，集団のルールである社内規則や法
律・条令などを定めたり，設備投資や給与改定，公共投資などの予算配分を決めた
りしています。その疑似体験に取り組むあなたの資質や姿勢を，採用する側は知り
たいのです。

7．一次面接

　一次面接は多くの企業・団体で，学生3〜5人程度をグループ分けして行いま
す。でも，面接室のドアを開ける前から，すでに採用選考は始まっています。あな
たが面接会場を訪れ，受付の手続きをしている姿を，特にその第一印象がどんな感
じか，採用する側は観察しているのです。仮にそうしていない企業・団体であって
も，学生側は意識すべきでしょう。

　特に，ホテル・航空・ウエディング・百貨店などの流通業界などの接客を生業と
する業種においては，会社のイメージと一致するかどうか，スクリーニング（集団
検査による選別）をしています。

　ここで採用する側が知りたいのは，履歴書などの紙媒体では判断できない，本人
の雰囲気，清潔感，信用・信頼できそうな人柄などの第一印象です。

　この受付の手続きや面接試験の際に，幾度かお辞儀をする機会がありますが，そ
の仕方にも気を遣いましょう。肩より上の首だけを前へ傾けて会釈する人を多く見
かけます。ぜひとも身体で挨拶をする，つまり腰を折るようにお辞儀をすることを
お勧めします。秘書技能検定（文部科学省後援）の面接審査員などの経験から申し
上げると，身体全体で挨拶ができる人はたいへん印象に残ります。首ではなく身体
で行うお辞儀を身につけ，ぜひとも社会人になった後も続けてみてください。丁寧

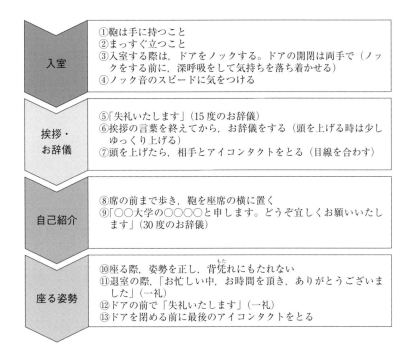

入室	①鞄は手に持つこと ②まっすぐ立つこと ③入室する際は，ドアをノックする。ドアの開閉は両手で（ノックをする前に，深呼吸をして気持ちを落ち着かせる） ④ノック音のスピードに気をつける
挨拶・お辞儀	⑤「失礼いたします」（15度のお辞儀） ⑥挨拶の言葉を終えてから，お辞儀をする（頭を上げる時は少しゆっくり上げる） ⑦頭を上げたら，相手とアイコンタクトをとる（目線を合わす）
自己紹介	⑧席の前まで歩き，鞄を座席の横に置く ⑨「○○大学の○○○○と申します。どうぞ宜しくお願いいたします」（30度のお辞儀）
座る姿勢	⑩座る際，姿勢を正し，背凭れにもたれない ⑪退室の際，「お忙しい中，お時間を頂き，ありがとうございました」（一礼） ⑫ドアの前で「失礼いたします」（一礼） ⑬ドアを閉める前に最後のアイコンタクトをとる

図8-2　就職活動の基本：面接の流れ

立ち居振舞い（所作，身のこなし）によって，履歴書やエントリーシートでは伝えきれない自分らしさを伝えましょう。

な所作や立ち居振る舞い，そして言葉遣いなどは，対応する側の心構えをも変えるほどに良い影響を生み出すことでしょう。

　次に，面接室のドアが押し戸か引き戸かでも，入室や退室の仕方が変わってきます。ドアをノックし，会釈をして，面接官の前まで歩み寄る。鞄を置いて，椅子の背凭れに付かないように座る，こうしたプロセスを幾度もトレーニングして，面接室の設定がどんなに変わろうが，冷静に対応できるようイメージづくりを十分に行っておくことを勧めます。

　何度も練習し，入室時の挨拶や表情，雰囲気で悪い印象にならないようにしっかり練習してから臨みましょう。最初から完璧にできる人は誰もいません。面接室のノックもきちんと準備していれば，ドアの奥にいる方を急き立てるような音にはなりません。ノックの音にさえ人柄が出てしまうのです。見えないところで幾度も練習を重ね，準備ができている学生は，本番では緊張しつつも対話を楽しめるほどになります。

　歌舞伎では「段取り八分」，つまり芝居を上手く運ぶには準備が大切といわれています。ビジネスや生活習慣などでも同じく「準備が9割」などといわれています。第2章で述べたプレゼンテーションの時の心構えと同じです。

　着席したら，いよいよ面接官から質問がなされます。その内容の多くは，履歴書やエントリーシートに記入した内容と重複した自己PR，志望動機，学生時代に頑張った事柄などです。入社後に社会人となったあなたは，どんな業種・職種に就こうが，組織を背負って働くこととなります。格別に気負う必要はありませんが，常に自社の強みや弱みをよく理解して，外部の方々とコミュニケーションを図るべきです。その前段階として，まずは自身の強みや弱みをしっかり認識し，相手を説得させることができるかどうかがここでは問われています。自分自身のことを上手く表現する能力がなければ，会社が提供する商品やサービスなどを表現することもおぼつかないでしょう。

　これらの質問を通して，企業・団体の経営理念や業務目標などの価値観を共有できる人材か，入社後に一緒に仕事に取り組むメンバーになれるかどうかを測っているのです。あなたのキャリア計画がより明確ならば，将来の幹部候補者などとして採用する側も具体的なイメージを抱くことでしょう。

　ですから，面接は台詞を暗記して，芝居を演じるような場ではありません。一字一句漏らさず言いたいことを言い切った，トレーニングしたとおりの動作ができたと，小手先の技術に走り，自己満足に溺れることは禁物です。そもそも面接試験に台本などあるはずがありません。面接官と言葉のキャッチボールができて，相手の心に響かねばなりません。敬語が上手く使いこなせなくても，ぶれない心情や熱い思いがあれば企業・団体側に届きます。

　ところで，OB・OG訪問時もそうですが，本番の面接時ともなると相当に緊張するものです。ですから，「何か緊張を解消する方法はありませんか？」という質問を多くいただきます。自分の意識で目を閉じたり，足を動かす等の体性神経系（感覚神経系と運動神経系）とは異なり，意識とは無関係に，内臓や血液などへと伝える自律神経系（交感神経と副交感神経）は，制御しがたいものです。緊張すると交感神経が働いて，ノルアドレナリンが放出され，口が渇き，鳥肌が立ち（立毛筋が収縮し），呼吸数や心拍数が上がることで酸素や血液（栄養）が全身に行き渡り，代謝が促進されて体温が上がります。

　それらを鎮めるには，副交感神経を働かせて，アセルアドレナリンを放出せねばなりません。「落ち着いて！」と言い聞かせても，なかなか切り替えはできません。緊張する原因となる視覚情報を分断する手もあります。「聴衆をかぼちゃと思え」と錯覚させる古典的な手法です。あるいは無意識の反応が起こらないように場慣れするために面接のトレーニングを繰り返すことも得策です。悔いのない準備をすることで自信をつけ，動揺しない心を養うことに尽きるのではないでしょうか。

　著者自身の体験談ですが，新卒で受けた面接試験は地上１階の建物（地に足がつ

いた状態）でした。そして，転職しようと受けた面接試験は高層ビルで，思いがけない失敗をしました。面接官の後ろに大きな窓があり，そこに広がる景色が気になり，言葉に詰まれば詰まるほど緊張が高まり，1分間の自己PRの内容をすっかり忘れてしまいました。丸暗記したことを機械的に再生するだけでは駄目で，想定外の状況でも臨機応変に対応する能力が欠けていたと，事後に深く反省しました。

8．二次・三次面接

　採用試験が進行していくと毎年必ず「一次面接には呼ばれるが，二次面接以降に進めない」という相談も多く受けます。企業・団体側も，一次面接はまだ履歴書を読み込むまでに至っていないところが実は多いのです。二次面接以降は，何人もの担当者が読み込んでいるので，きちんと考えて書かれた書類と安易に書かれた書類とでは，面接時にそのまま出ます。社会人として責任をもって一緒に働ける人材かどうか，3〜5人の中で比較して判断するのが二次面接や三次面接だと考えてください。

9．最終面接

　最終面接に至るまでの過程で，あなたという人材に関しておおよその理解が採用する側もできあがります。そして，いよいよ最終面接となり，入社後のあなたをイメージした確認の場となります。

　ここで大事なことは，自分で一度決めた働き方・生き方の座標軸を変えてはいけないということです。この点を確認するために，志望動機とは別に，まったく関係の無さそうな質問などがなされ，あなたが企業・団体の経営理念を理解できる人材か，一緒に働ける人材かどうかを最終判断がなされます。

　最近では，入社5年目や10年目までのキャリア計画（30歳くらいまでの人生観）を質問されるケースが多いようです。一度決めた自身のキャリア計画やそれを表現するのに欠かせないキーワードは，就職活動を終えるまで決して変えないこと，これをぜひ忘れないでください。志望する業種や職種が変わっても，働くうえでのあなたのキャリア・アンカー（p.95）は変わらないはずです。

　ごく稀な事例ですが，あえて学生の皆さんを圧迫するような状況で面接を行う企業・団体があるようです。どんな場面においても冷静沈着に対応できるか否かを計っていると思われます。決して困らせようとしているわけではなく，どんな面接でも対応できるよう，万全な準備をして臨みましょう。

10. 内々定・内定・内定辞退

　無事に内々定や内定をいただいた時点で，ほっと安心したいところですが，最後にもう一度，自身の就職活動で力になってくださった方々を思い返し，たとえば，インターンシップや企業訪問した時に対応してくださった方々，OB・OGの先輩方，大学の恩師などに対して，報告を兼ねた御礼状を書きましょう。将来への抱負も伝わりますし，長く社会人をしていると人はどこかで必ずつながります。ぜひ，電子メールではなく，文字に気持ちを乗せて直筆の手紙で感謝の心を伝えましょう。

　場合によっては，数社から同時に内定をいただき，内定辞退を決断せねばならぬ状況に置かれる方もいるでしょう。その際の断り方もまた，あなたの大学や後輩たちの就職活動へ影響を与えます。もう二度とご縁がない企業・団体かと思ったとしても，人間関係は意外なところでつながっているものです。社会人となってからも同様です。内定を辞退する時ほど，誠意をもって丁寧に，採用試験を受けさせていただいたこと，自分に時間とチャンスをいただけたことに対する御礼を書き，必ず書面で辞退の意を丁寧に伝えましょう。

―――――――――――――――――――― 第8章のポイント◆

- 就職に対する意識は，夏季休暇やその後の過ごし方次第で変わってきます（短大生なら1年の夏以降，四年制なら3年の夏以降）。
- 新卒での就職活動は「人生一度きりしかない」ので納得するまで活動することが大事です。アドバイスをしてくださる方の意見には耳を傾け，最後は自身で決断しましょう。
- インターネットだけではなく，自分の足で歩き，自身の五感を働かせて得た情報から就職活動をしましょう。社会人としての働き方につながります。
- 内定を辞退する等，自分の意志で断る時ほど丁寧に対応しましょう。長い人生，必ずどこかでつながります。お詫びに対する誠意の気持ちを手紙に乗せることが大事です。

あとがき

　チェロ奏者の山崎伸子氏（1953年～）が，昨年2019年11月に紀尾井ホール（1995年 竣工。新日本製鐵（現・日本製鉄）創業20周年で建設された舞台）で，教え子の佐藤晴真氏（1998年～）らと共演されました。山崎氏は，チェロを演奏するとともに，世界に通じる多くの若手音楽家を指導されてきました。ご自身は「ソリストよりは指導者に向いていると思う」と述べられています。演奏活動と教育活動の両立，それに加えて子育てもこなす山崎氏。その真髄は，著者が携わる高等教育にも通じるものかと思います。

　大学教員は，研究室や図書館，あるいはフィールドへ出て調査・研究を極めるとともに，教育者でもあらねばならない，と教壇に立つ度に思います。高等学校を卒業したばかりの新入生は，1年経つとリクルートスーツを身にまとい，2年も経てば卒業していきます。人生100年時代の今，18・19歳という貴重な時間を，女子大学で過ごします。彼女たちの家庭の事情やこれからの人生を思うと，職責の重さを痛感し，全身全霊でその成長を支援せねばと思います。

　山崎氏は教則本を大切にされています。「教本のたぐいは退屈に感じるかもしれないが，結局，基礎の反復が将来につながる。卓越した技術があってこそ自由な発想を実現できる奏者になれる」と述べられています。これもまた然り。20歳までの限られた時間に，一つひとつをあなどらず，基礎の反復練習を徹底してほしいと願います。繰り返し読み込み対話を重ね，その時々で書き込み，そして社会人になった後も時々読み返してほしいと願います。

　さらに，山崎氏の恩師の齋藤秀雄（1902～1974年）は，指揮者の小澤征爾氏（1935年～）の恩師でも知られていますが，演奏家として必要な知識を得るには，カルテット（弦楽四重奏）を学ぶことが大切だと力説されました。バイオリン2本，ビオラ，チェロの4人のアンサンブル（重奏）でコミュニケーション能力を鍛錬し，4人の人間関係を築くことが，オーケストラ（管弦楽団）の一員になるうえで大切だと説きます。これもまた，実社会へ巣立つ前に，教室でディスカッションやプレゼンテーションの練習を重ね，民間企業の皆さんの協力を得て，新商品の開発・販売を行う経験を積むことの大切さに通じるものがあります。

　学生と交わることで，著者自身も多くを学び，試行錯誤を繰り返し，今日があります。実務経験のある教員の一人として，日々精進を重ね，一人でも多くのAI（人工知能）に負けない女性を実社会へ送り出すとともに，著者自身もまたもそうなるよう励みたいと思います。

謝辞

　ところで，この度本書を上梓することができたのは望外のことですが，株式会社樹村房代表取締役社長の大塚栄一氏に特別のお骨折りを願ったこと，また，商品開発・販売という PBL（課題解決型学習）の機会を通じて，20歳に満たない女子大生が成功体験を得ることに尽力くださった企業の経営者やプレゼン発表会に協力くださった外部有識者の皆様，ならびに経済産業省関東経済産業局や埼玉県産業労働部の皆様から厚意あるご援助をいただいたことに対し，ここに深甚の謝意を表したく思います。本書の出版はこれらの方々の協力なしにはありえなかったことです。

　殊に次の企業の皆様には，写真やキャラクターデザイン画の掲載を快諾いただき，原稿内容の確認とともに貴重なご意見を頂戴しました。本来は各位への謝辞を添えるべきところですが，社名を列記して謝意を表したく思います（本文記載順）。株式会社サンリオ様，株式会社濱野傳吉商店様，株式会社 morich 様，株式会社三越伊勢丹ホールディングス（日本橋三越本店）様，株式会社コロンバン様，株式会社リーガロイヤルホテル東京様，株式会社たん熊北店様，キッコーマン株式会社様，味の素株式会社様，医療法人ゆめはんな会ヨリタ歯科クリニック様，株式会社ABC クッキングスタジオ様，および株式会社日本レストランエンタプライズ様。

　加えて，キャリア教育を含む高等教育に関していつも的確な助言をくださる大妻女子大学副学長で同学キャリア教育センター所長の高山宏先生（元流通産業研究所顧問）に，また立教大学経営学部教授（大学院ビジネスデザイン研究科委員長）の最終年度の御多忙にもかかわらず変わらぬ厚誼と識見を示してくださった亀川雅人先生に，そしてホスピタリティに関する学術的な指摘にとどまらず，粗稿段階で目を通してくださった NPO 法人日本ホスピタリティ推進協会理事の服部勝人先生（日本ホスピタリティマネジメント学会顧問，共栄大学客員教授）に心からの感謝を申し上げたく思います。

　2020 年如月

三番町にて

澤田　裕美

用語解説

[あ行]

アールヌーボー（フランス語で Art nouveau）　英国思想家のウィリアム・モリス（William Morris, 1834～1896 年）による 1880 年代以降のアーツ・アンド・クラフツ運動をはじめとして，19 世紀末から 20 世紀初頭にかけて欧州で流行した美術運動で，鉄・ガラスなどの新素材と伝統的な装飾美の融合などが図られました。

アイデンティティ（英語で Identity）　主体性または自己統一性といい，己が置かれた時間や空間などの変化にかかわらず，連続して同一であることを意味します。

アルゴリズム（英語で Algorithm）　問題解決への手順の定式化という意味です。

伊勢商人　中世から近代にかけて活躍した三重県（伊勢国）出身の商人で，近江商人や大阪商人と並ぶ日本三大商人の一つです。スーパーマーケットのライフコーポレーション（1941 年創業）の清水信次氏（1926 年～）や JUSCO（現・イオン。1970 年創業）の岡田卓也氏（1925 年～）などは伊勢出身者です。

イノベーション（英語で Innovation）　米国ハーバード大学（1636 年設立）教授で経済学者のヨーゼフ・シュンペーター（Joseph Alois Schumpeter, 1883～1950 年）が提唱した概念で，既存の知と別の既存の知とを組み合わせて（英語で New Comvination, 新結合），新たなビジネスを創造することを意味します。その類型として，①新しい財貨の生産，②新しい生産方法の導入，③新しい販売先の開拓，④原材料・半製品の新しい供給源の確保，および⑤新しい組織の実現を挙げました。また，イノベーションの実行者をアントレプレナー（起業家，英語で Entrepreneur）と呼びました。

　なお，1958 年の『経済白書』がイノベーションを「技術革新」と翻訳して紹介したため，新しい技術の開発を意味すると一部で誤解されてきました。

インクルージョン（包摂）（英語で Inclusion）　弱い立場にある者を含めて，一人ひとりを排除・摩擦・孤独・孤立から援護し，社会の一員として取り込み支え合うことを意味します。対比語の社会的排除とは反対の概念です。

インセンティブ（英語で Incentive）　やる気を起こさせる刺激や動機づけという意味です。

インバウンド消費　訪日外国人観光客（英語で Inbound）による日本国内での消費活動という意味で，GDP に反映します。

裏垢　裏アカウントの略称で，SNS における非公開アカウント（鍵垢），もしくは公開はしているものの，アカウントの存在を広く知らせていない場合を指しています。

栄養士　厚生労働大臣指定の栄養士養成施設（二年制の短期大学や専門学校など）または管理栄養士養成施設（四年制の大学や専門学校）で学修の後，都道府県知事の免許を受けた者を指し，栄養士法（1947 年公布）による国家資格です。また，管理栄養士とは，栄養士の免許を有する者または管理栄養士養成施設の卒業生で，改正栄養士法（1962 年公布）による国家試験合格者です。なお，学校教育法（1947 年公布）による栄養教諭免許（専修，1 種，2 種）は，栄養士であることが前提となっています。

駅ナカ　鉄道事業者が駅構内で展開する商業スペースを指し，そこは都市計画法（1968 年施行）に基づく都道府県や市区町村の都市計画の規制が及ばない，鉄道敷の上空や地下などです。

エコシステム（英語で Business Ecosystem や Digital Ecosystem の略記）　第 4 次産業革命が進展しつつある今日，企業間の連携関係全体を意味して，ビジネス生態系などと日本語訳されています。

エッジコンピューティング（英語で Edge computing）　スマートフォンなどの通信網に近い場所に，サーバーと呼ばれるコンピュータを分散配置することを意味します。

エリート（フランス語で élite）　地域社会や企業・団体などの中で成績・評価が優秀とされ，指導的役割を担う個人または集団を意味します。

エンゲージメント（英語で Engagement）　婚約（者）を意味しますが，経営学では企業・団体と個人が一体となり，双方の成長に貢献しあう関係を意味します。第 5 章を参照ください。

エンパワーメント（英語で Empowerment）　権限

付与という意味です。

オイルショック（英語でOil crisis）　石油ショックとも呼ばれますが，1973年および1979年に始まる原油価格の高騰に伴う世界経済の混乱を指します。

近江商人　中世から近代にかけて活躍した滋賀県（近江国）出身の商人で，伊勢商人や大阪商人と並ぶ日本三大商人の一つです。高島屋（1831年創業）の創業者・飯田新七（1803～1874年）や，伊藤忠商事（1858創業）の創業者・伊藤忠兵衛（1842～1903年）などは近江出身者です。

おひとりさま　女性が単独で外食・旅行・趣味などを楽しみ，住宅購入や老後資金などのライフプランを立てる志向性を指します。

　ジャーナリストの岩下久美子（生年不詳～2001年）の著書『おひとりさま』や，評論家の牛窪恵氏（1968年～）の著書『男が知らない「おひとりさま」マーケット』などが契機となり，2005年末に新語・流行語大賞にノミネートされた流行語です。牛窪氏によると，2000年代半ばに第1次ブームが，2000年代後半～2010年代初頭に第2次ブームが，そして2012年以降に第3次ブームが到来したそうです。

［か行］

鏑木清方の名画「築地明石町」（原題「築地河岸の女」）　1927年の帝国美術院展覧会（帝展は略記。1907年に始まる文部省美術展覧会（文展）を前身とし，1919～1937年に存在した官設展）に出品し帝国美術院賞を受賞しました。モデルは関ませ子（江木万世子，1886～1943年）で，背景は現在の聖路加病院（1901年設立）界隈で，明治期に存在した築地の外国人居留地（1869～1899年）といわれます。

　なお，関ませ子の異母姉は大正三美人といわれた関栄子（江木欣々，1877～1930年）で，次男は江木武彦（第2章の註8参照），長女の娘は戦後初の国際女優の谷洋子（1928～1999年）です。

キャリア・アンカー（英語でCareer Ancho）　米国マサチューセッツ工科大学（1861年設立）元教授のエドガー・シャイン氏（Edgar Henry Schein，1928年～）の学説によると，①管理能力，②技術的・機能的能力，③安全性，④創造性，⑤自律と独立，⑥奉仕・社会献身，⑦純粋な挑戦，および⑧

ワーク・ライフ・バランス（英語でWork–Life Balance）の8つに分類されます。

キャリアウーマン　専門的な知識・技能を活かし，一定の職業に長期間就き，管理職を志向する女性を指します。

　なお，著者がキャリアウーマンを知る原体験のひとつに，1988年公開の映画『Working Girl』（邦題：ワーキング・ガール）があります。米国ウォール街の投資銀行のM&A（Mergers（合併）and Acquisitions（買収）の略記）部門で働く秘書のサクセスストーリーです。映画のラストで，主人公の女性が成功の証としてプレゼントされるブリーフケース（Schlesinger社製）は，キャリアウーマンの象徴のように思えました。

キャリアガイダンス（職業指導）　中央教育審議会の大学分科会の審議によると，「大学の実情に応じて，社会的・職業的自立を図るために必要な能力を培うために，教育課程の内外を通じて行われる指導又は支援であり，具体的には，教育方法の改善を通じた各種の取組のほか，履修指導，相談・助言，情報提供等が想定される」と説明されています。

キャリア官僚　国家公務員採用I種試験などの合格者で，将来に各省庁において政策決定を担う幹部候補者という意味です。対比語のノンキャリア（略記はノンキャリ）とは，事務処理を担う国家公務員を指す俗称です。地方公共団体（都道府県や市区町村）で採用される地方公務員はこれらに含まれません。

　なお，江戸時代の幕藩体制下で，幕府中枢で勤務した職務（身分）に置き換えると，キャリア官僚は要職に就くことができる御譜代席に相当し，ノンキャリアは町奉行所の与力・同心などの地役人，いわゆる御抱席に相当します。これらを意識すると，歴史小説や時代劇の見方も変わることでしょう。

教育再生実行会議　2013年1月発足。有識者が「21世紀の日本にふさわしい教育体制を構築し，教育の再生を実行に移していくため」に提言を行い，安倍晋三政権下で政策形成がなされてきました。

　高大接続改革とは，2013年10月に提出された第四次提言「高等学校教育と大学教育との接続・大学入学者選抜の在り方について」に基づくものです。

　このほか教育再生実行会議が提案し実現したおも

な政策としては，①いじめ問題等への対応（2013年2月，第一次提言），②教育委員会制度改革（2013年4月，第二次提言），③大学ガバナンス改革（2013年5月，第三次提言），④小中一貫教育の制度化（2014年7月，第五次提言），⑤専門職大学・短期大学の制度化（同提言），⑥教師の育成・採用・研修の一体化（2015年5月，第七次提言），および⑦給付型奨学金の創設（2016年5月，第九次提言）などがあります。

隈取（くまどり）　歌舞伎俳優の初代市川團十郎（1660～1704年）が，人形浄瑠璃（三味線を伴奏に太夫が詞章を語る人形劇）に着想を得て，顔面に血管や筋肉を誇張して描いたことに由来し，役柄により模様や色彩を描き分けた化粧を意味します。

クラウドコンピューティング（英語で Cloud computing）　インターネットなどの通信網を経由して，コンピュータ資源をサービスする利用形態を意味します。

クラッカー（英語で Cracker）　破壊・改竄（かいざん）などの悪意のある不正な行為（者）という意味です。

景気動向指数　生産や雇用などの経済指標の拡大・後退といった方向性を判定・点数化し，内閣府が毎月算出・公表する指数を意味します。一つは CI（英語で Composite Index の略記）で，構成する指標の動きを合成して，景気変動の大きさやテンポを測定します。もう一つは DI（英語で Diffusion Index の略記）で，構成する指標の中で改善している指標の割合を算出して，景気の波及度を測定します。

ケースメソッド（英語で Case method）　企業・団体の経営上の決定，および決定の背景にある理由などを議論の題材として取り上げる教育方法を意味します。

ゲノム（ドイツ語で Genom（ゲノム），英語で Genome（ジーノーム））　すべての遺伝情報という意味です。

原価計算（英語で Cost accounting）　製品・サービスの原価を計算する方法で，企業・団体内部の意思決定や業績評価を目的とした管理会計の一手法であり，企業・団体の外部の利害関係者に役立つ財務会計の一手法でもあります。

弘道館　水戸藩の第9代藩主・徳川斉昭（1800～1860年）が創設した弘道館（1841年仮開館）とは，岡山藩の初代藩主・池田光政（1609～1682年）が創設した閑谷黌（しずたにこう）（1673年開館）や，長州藩の第5代藩主・毛利吉元（1677～1731年，母は池田光政の娘で正室は池田光政の孫娘）が創設した明倫館（1718年開館）と並ぶ，日本三大学府の一つです。

行動経済学（英語で Behavioral Economics）　心理学的に観察された事実を取り入れた経済学です。米国心理学者のダニエル・カーネルマン氏（Daniel Kahneman, 1934年～）は，行動経済学の方法論を確立し，2002年にノーベル経済学賞を受賞しました。

交流分析（英語で Transactional Analysis）　カナダ出身の精神科医のエリック・バーン（Eric Berne, 1910～1970年）が提唱した心理療法で，人は状況に応じて5人の自我を無意識に使い分けて生きており，成長とともに環境などによってパターン化されて行くとしました。5つの自我とは，①「～すべきだ」と押しつける父親的な要素（大人の自我1），②「～してあげる」と思いやる母親的な要素（大人の自我2），③「なぜ～した？」などとクールに考えるコンピュータ的な要素（成人の自我），④「～はおもしろい」と無邪気に感情を表す要素（子供の自我1），および⑤「～しません」と相手の顔色をうかがい，感情を抑制する要素（子供の自我2）を意味します。

コーポレートガバナンス（英語で Corporate Governance）　企業統治という意味で，2種類の仕組みを指します。ひとつは，有効な戦略を策定・実行して，稼ぐ力を取り戻し，企業価値を向上させる，いわば攻めの仕組みです。新市場の開拓，新製品の創出，事業の選択と集中，経営統合などがあります。もうひとつは，経営の執行と監督を分離して，監督機能を高め，企業価値を毀損（きそん）させない，いわば守りの仕組みです。社外取締役の導入，指名・報酬委員会の設置などがあります。日本企業は，自己資本利益率（ROE）などの収益性の改善とともに，自社株買いや配当性向基準で株主への還元が進み，改革が定着しつつあります。

五基本味　食べ物が舌などにある味蕾（みらい）で感知し，味覚神経を伝って脳（中枢）に取り入れられ認識・分析・判断された，甘味，酸味，塩味，苦味，および

うま味の5種類の味覚を意味します。うま味（L−グルタミン酸ナトリウム）は，東京帝國大學（1877年設立）教授の池田菊苗（1864〜1936年）により1908年に発見され，1909年に調味料として発売され始めました。

国際女性の日　1904年3月8日に米国ニューヨークで女性労働者が婦人参政権を要求するデモを行ったことに由来し，1975年（国際婦人年）3月8日以来，国際連合（1945年設立）はこの日を記念日として制定しています。

国土 強 靱 化　京都大学（1897年設立）大学院工学研究科教授の藤井聡氏（1968年〜）の列島強靱論を原型として，強くしなやかな国民生活の実現を図るための防災・減災等に資する国土強靱化基本法（2013年公布）に依拠した，大規模自然災害等からの国民の生命・身体・財産の保護，および国民生活・国民経済への影響の最小化を目的とした社会資本・民間資本の整備を意味します。国をはじめ，全国の都道府県や市区町村は，国土強靱化地域計画を策定して，企業・団体などと連携して整備しています。

　なお，2013年は「社会資本メンテナンス政策元年」と位置づけられ，高度経済成長期に整備されたダム・河川・港湾・上下水道・ガス・電線・放送・道路・鉄道・トンネル・橋梁・公園・医療・住宅などの公共性の高い施設などが建設後50年以上経過することから，その老朽化対策・長寿命化対策が急がれています。2033年度の管理・更新費用は，2013年度比で最大5割強増加すると予測されています。

コピペ（英語で Copy and Paste の略記）　文章やデータ等を複写・複製して別の場所へ転写・貼付する操作を意味します。

コ・メディカル（和製英語で Co-medical，英語で Paramedic）　医療従事者という意味です。

コンピタンシー（英語で Competency）　米国ハーバード大学（1636年設立）教授のデビッド・マクレランド（David C. McClelland，1917〜1998年）らの1970年代の心理学の研究結果を踏まえた概念で，優れた業績を上げる人材に共通する行動特性を意味します。

［さ行］

最低賃金　最低賃金法（1959年公布）により，賃金の最低額が保障され，労働条件の改善が求めています。ここでいう賃金とは，毎月支払われる基本的な賃金（時間額）で，割増賃金，精皆勤手当，通勤手当，家族手当などは除かれます。

　最低賃金には，①地域別最低賃金と②特定最低賃金があり，使用者は高い方の最低賃金額以上の賃金を支払わなければなりません。47都道府県ごとに設置された労働局（厚生労働省の地方機関）は，各都道府県で適用される地域別最低賃金を毎年10月に改定しています。また，特定地域内の特定の産業（たとえば百貨店，自動車小売業，機械器具製造業，鉄鋼業など）の関係労使が，特定最低賃金を毎年10月に改定しています。

　なお，G7（Group of Seven の略記，先進7ヵ国）では，日本とカナダを除く5ヵ国（米・英・仏・独・伊）で全国一律の最低賃金制度が導入されています。

財務諸表　企業・団体の経営・財務状況を示す書類で，外部の利害関係者への情報提供を目的とした財務会計の一手段です。日本の会計基準においては，①貸借対照表（英語で Balance Sheet，B/S と略記），②損益計算書（英語で Profit and Loss statement，P/L と略記），③キャッシュ・フロー計算書（英語で Cash Flow statement，C/F と略記），および④株主資本等変動計算書（英語で Statements of Shareholders' Equity，S/S と略記）が含まれます。

在留外国人　次のように分類されます。ただし，3ヵ月以下の短期滞在の外国人観光客（2018年で3,119万人）は含まれません。なお，就労できる在留資格を有する外国人，いわゆる外国人労働者（2018年10月末現在で146万人）については第1章で詳述しています。

　①特別永住者＝2019年6月末現在で32万人。1945年の終戦以前から居住する在日韓国人・朝鮮人・台湾人とその子孫で，在留するための資格を有する人たち。

　②永住者＝同77万人。資産や技能を有して10年以上継続し在留する外国人。

　③永住者の配偶者等＝同4万人。

　④国際結婚をした日本人の配偶者としての外国

人，および日本人の子供としての外国人＝同14万人。日本人と結婚して3年以上経つ外国人。

⑤定住者＝同19万人。帰化により日本国籍を取得した者の子（外国人の子として出生したが，親が帰化したことにより日本人の子供となった者）など。

詐欺師症候群またはインポスター症候群（英語でImpostor syndrome） 1978年に米国ジョージア州立大学（1785年設立）教授のポーリン・R. クランス氏（Pauline Rose Clance）とスザンヌ・アイムス博士（Suzanne Imes）によって命名された精神障害のひとつを指します。

歯科衛生士 厚生労働大臣指定の歯科衛生士養成所（二年制の短期大学や専門学校など）で学修の後，歯科衛生士法（1948年公布）による国家資格合格者で，歯科医師の指導のもとで予防処置や診療補助などを行います。また，歯科助手とは日本歯科医師会（1903年設立）による認定制度による資格（乙種第一・乙種第二・甲種）で，国家資格ではありません。

時価会計 デリバティブ（英語でDerivative，金融派生商品）などを時価で評価して損益計上することを意味します。日本では1997年度から金融機関で導入され，2000年度から金融機関以外でも導入されました。内部管理の帳簿と外部へ公表する帳簿を一致させたことで，企業と投資家との距離を縮める役割を果たしています。

自己資本利益率（英語でReturn On Equity，ROEと略記） 企業に投じされた株主資本（振込資本金に内部留保を足した金額）に対して，1年間の企業活動で得た純利益の比率を指します。

自己資本利益率を向上させる手段としては，財務レバレッジ（借入金を減らして，株主への配当を増やす）をはじめ，利益率の高い製品を開発したり，資産を売却する等の方法があります。昭和40年代（1965～1974年）に企業の安定株主工作として株の持ち合いが進みましたが，平成時代（1989～2019年）に解消され，ROE経営が浸透して2017年度に初めて10％台に到達しました。ただし，第4次産業革命のもとで，ハブ・アンド・スポーク型の協働モデルが台頭して新たな株の持ち合いが懸念されています。

なお，自己資本比率（Equity ratio）とは，総資産に占める自己資本（資本金や土地や機械などの総資本から，銀行などからの借り入れた他人資本を差し引いた金額）の比率を指します。自己資本比率が高いほど負債（借入金）が少なく，低いほど負債（借入金）が多いと判断されます。

自尊心（英語でSelf-Esteem） 自己に対する肯定感を意味します。また，自己効力感（英語でSelf-Efficacy）とは，米国スタンフォード大学（1891年設立）名誉教授のアルバート・バンデューラ氏（Albert Bandura，1925年～）が1990年代に提唱した概念で，結果を生み出すための適切な行動が自分はできるという，自己に対する確信を意味します。

実験経済学（英語でExperimental Economics） 金銭で動機づけされた被験者を対象に，市場の機能などを定量的に解明する経済学です。米国経済学者のバーノン・スミス氏（Vernon Lomax Smith，1927年～）は，実験経済学の方法論を確立し，2002年にノーベル経済学賞を受賞しました。

社会保障費 ①公衆衛生・医療の保健衛生対策費，②国民健康保険・厚生年金保険・国民年金保険・介護保険などの社会保険費，③児童保護・老人福祉などの社会福祉費，④雇用保険などの失業対策費，⑤生活扶助・医療扶助などのために地方公共団体が支給する生活保護費，および⑥恩給・戦争犠牲者援護費などがあります。健康寿命を維持することは，保健・医療・介護などの公的費用の削減につながり，将来世帯への負担軽減を意味します。

日本では1961年に国民皆保険と国民皆年金が確立され，1965年に戦後初の赤字国債発行がなされました。1973年は福祉元年として田中角栄政権下で70歳以上の高齢者の医療費無料化や年金給付額の引き上げなどがなされました。1980年代の中曽根康弘政権以降，増税なき社会保障の再建が基本路線となってきましたが，社会保障費は拡大の一途を辿っています。

社会保障と税の一体改革や経済成長による財政健全化などが推進され，2017年10月には安倍晋三政権下で全世代型社会保障が選挙公約に掲げられました。財務省によると，国と地方公共団体を合わせた長期債務残高（見込み額）は2019年3月末で1,108

兆円に達し，国内総生産（GDP）に対する比率は196％です。2020年現在，幼児教育・保育の無償化をはじめ，高等教育の無償化，70歳就業の法制化，兼業・副業の環境整備，年金の受給年齢の選択肢の拡大，75歳以上の医療費負担の見直し等が進んでいます。

ジャポニズム（フランス語でJaponisme）　1867年のパリ万国博覧会や1873年のウィーン万国博覧会などの国際博覧会，あるいは貿易商・美術商によって，19世紀後半に日本の美術品や工芸品が積極的に紹介され，欧米の詩人・画家・作曲家などへ影響を与えた思潮を意味します。

春闘　賃金体系を底上げるベースアップ（ベアと略記）や労働時間の短縮などの労働条件の改善について，労使間で交渉する労働運動を意味します。日本では，毎年2月頃より行われ，経営側は春季労使交渉，労働組合側は春季生活闘争などと呼んでいます。

正倉院宝物　聖武太上天皇（701〜756年）の七七忌（四十九日）に東大寺・盧舎那仏（奈良の大仏）に奉献された遺愛品をはじめ，その後の3度に渡る献納品を指します。中国・中央アジア・ペルシャなどからの伝来品や国産品で，絵画・書籍・金工・漆工・木工・刀剣・陶器・ガラス器などが含まれています。

上巳の節句　旧暦3月3日に健康や厄除けを願った慣習で，桃の節句とも呼ばれます。1873年に廃止された五節句（日本に定着した季節の節目の行事）のひとつです。五節句は，ほかに1月7日の人日（七草の節句），5月7日の端午（菖蒲の節句），7月7日の七夕（たなばた），および9月9日の重陽（菊の節句）があります。

消費者物価指数（英語でConsumer Price Index, CPIと略記）　消費者が実際に購入する段階での商品の小売価格（物価）の変動を表す指数を意味します。総務省は毎月，全国167市町村の500品目の小売価格を調査したうえでCPIを算出・発表しています。天候等に左右される生鮮食品の価格を除いた指数「コアCPI」や，石油・石炭などのエネルギー価格を除いた指数「コアコアCPI」も併記しています。

女性史　1929年に仏国ストラスブール大学（1538年設立）の歴史学者等が創刊された学術誌『Annales（アナール）』に始まるアナール学派以降に広まる，女性の日常生活などに着目した社会学的なテーマ史のひとつです。

職階　職務内容や責任などによる階級を指します。

シラバス（Syllabus）　教員が学生に示す指導計画という意味です。その記載内容は，授業の日時，概要・ねらい，到達目標，毎回の内容，授業方法（アクティブ・ラーニングの導入，ICTを活用等），授業外学修（予習，復習等），成績評価の方法と基準などです。

私立大学情報教育協会　2019年10月24日現在，189法人（207大学・58短期大学）らで構成する新公益法人です。1977年に私立大学等情報処理教育連絡協議会が設立され，1992年に社団法人私立大学情報教育協会となり，2011年に公益法人化した組織です。

心理カウンセラー　国家資格の「公認心理師」のほかに，いろいろな民間資格があります。おもな資格は次のとおりです。

①公認心理師＝公認心理師法（2017年施行）に基づく国家資格。2018年9月から試験実施。

②臨床心理士＝公益財団法人日本臨床心理士資格認定協会が認定する民間資格。

③臨床発達心理士＝一般社団法人臨床発達心理士認定運営機構が認定する民間資格。

④産業カウンセラー＝一般社団法人日本産業カウンセラー協会が認定する民間資格。

⑤認定心理士＝社団法人日本心理学会が認定する民間資格。指定された単位を履修後に申請する。

⑥健康心理士＝一般社団法人日本健康心理学会が認定する民間資格。指定された単位を履修後に申請し，資格審査を経て認定されます。

スチュワードシップ・コード（英語でStewardship Code）　コーポレート・ガバナンス（企業統治）の向上を目的とした機関投資家の行動規範という意味です。民間金融機関などの検査・監督を行う金融庁（1998年に発覚した大蔵省接待汚職事件を受けて，総理府の外局として設置，2000年に改組）は，2014年2月に「責任ある機関投資家の諸原則〈日本版スチュワードシップ・コード〉」を制定し，2017年に改訂を行いました（ただし，法的拘束力をもちません）。金融庁が株主価値の最大化を志向するの

に対して，経済産業省は企業価値の最大化を志向する傾向にあります。

ステークホルダー（英語で Stakeholder）　直接的・間接的に利害を有する関係者という意味です。

ストレス（英語で Stress）　環境（暑さ・寒さ・閉所・高所など）や別離（失恋・離婚・死別など）等の外部からの刺激（英語で Stresser），およびそれを受けて体内で起こる苦痛・疲労・不安・不満などの反応を意味します。ストレスが大きくなると，生体恒常性（英語で Homeostasis）が崩れます。それを維持するためには，言動や生活習慣などを見直す必要があります。

スマートフォン（スマホと略記，英語で Smart phone）　モバイル向け OS を備えた携帯電話という意味です。日本で 2007 年頃に販売され始め，2010 年に 4G が搭載されて，動画などのアプリケーションが普及しました。

生産性改革　2015 年 6 月に閣議決定した「日本再興戦略・改訂 2015」によれば，「未来への投資・生産性革命」とは，①「稼ぐ力」を高める企業行動を引き出す，②新時代への挑戦を加速する，および③個人の潜在力の徹底的な磨き上げる，の 3 項目から成り立っています。そして，主たる施策として，「IoT・ビッグデータ・人工知能による産業構造・就業構造変革の検討」を挙げています。AI への対応では，欧米諸国に較べて，十数年出遅れた日本勢ですが，企業のあり方や働き方がどう変わるのか，この数年間が正念場です。

生産年齢人口　4 月 1 日現在で 15 歳以上 65 歳未満の年齢に該当する人口を意味し，休業者や完全失業者を含めた労働力人口と，通学（高校生や大学生など），家事，高齢者などを含む非労働力人口とに分かれます。15 歳未満を年少人口，65 歳以上を老年人口と呼びます。日本の労働力人口は 2019 年現在約 6,600 万人で，生産年齢人口は 2040 年度に 2018 年度に較べて約 1,500 万人も減る見込みです。

　総務省統計局は統計法（2007 年公布）に基づく労働力調査規則（1983 年公布）により，労働力調査（無作為抽出した約 4 万世帯のうち 15 歳以上の約 10 万人を対象とした標本調査）を毎月末日（12 月は 26 日）に行い，全国の推定値などを算出・公表してい

ます。総務省統計局は，統計法（2007 年公布）により国勢調査（北方領土と島根県竹島を除くすべての世帯を対象とした全数調査）を 5 年ごとに行っています。また，国立社会保障・人口問題研究所（厚生労働省の付属機関）は，国勢調査の結果を受け，将来の出生・死亡・国際人口移動を仮定して全国人口推計（日本の将来推計人口）を行っています。さらに，中央省庁や地方公共団体などは，これらの統計資料を政策立案や予算編成などに役立てています。

セクシャルハラスメント（英語で Sexual Harassment）　性的嫌がらせを意味し，女性に対するセクハラへの配慮は男女雇用機会均等法の 1997 年改正で盛り込まれ，男性に対するセクハラへの配慮もまた 2007 年改正で対象となりました。

セグメンテーション（英語で Segmentation）　市場を分類し，その性格に合わせて商品開発・販売を行うという意味です。

セグメント（英語で Segment）　マーケティング用語としては顧客層を区分する基準を意味します。

相対的貧困　その国の等価可処分所得（1 世帯の可処分所得を，世帯人員の平方根で割って調整した所得）の中央値の半分に満たない世帯のことを意味します。また，子供の貧困とは，相対的貧困にある 18 歳未満の子供の存在および生活状況のことを意味します。

　UNICEF（国際連合児童基金，1946 年設立）の調査によると，日本は 2009 年 14.9 %（米国 23.1 %，英国 12.1 %，ドイツ 8.5 %）で，また OECD（1948 年設立）の調査だと，日本は 2010 年 16 %（米国 21 %，英国 10 %，ドイツ 9 %）でした。厚生労働省による調査では，2000 年 14.4 %，2003 年 13.7 %，2006 年 14.2 %，2009 年 15.7 %，2012 年 16.1 %，2015 年に 13.9 % と推移しています。2015 年には，労働環境の改善で親の所得増加により 12 年ぶりに子供の貧困割合が改善しました。

　日本政府は貧困の連鎖を断ち切るべく，2014 年に「子供の貧困対策に関する大綱」を策定し，①生活困窮世帯の子供への学習支援，②ひとり親家庭の親の学び直し支援などによる就業支援，③官公民の連携による「子供の未来応援国民運動」（2015 年設立）などに取り組んでいます。

ソーシャルメディア（英語でSocial media）　SNSのネットワーク的な概念を超えて，ウェブ上で誰もが情報発信できる双方向のコミュニケーションのための媒体を指します。

ソリューション（英語でSolution）　課題解決策という意味です。

[た行]

ダイバーシティ（英語でDiversity）　多様性や相違点という意味で，企業・団体などの組織経営において，人種・国籍・性別・年齢などを問わずに多様な人材を活用して生産性を上げ，組織の成長と構成員の幸せを同時にめざす概念です。

第4次産業革命（英語でFourth Industrial Revolution）　科学技術の進化に伴う社会構造の変革が，18世紀の蒸気機関の発明による産業革命から起算して4回目を意味します。内燃機関（ガソリンエンジン）と電気による第2次産業革命，およびコンピュータによる第3次産業革命に続くものです。

タスクフォース（英語でTask Force）　特定の任務のために編成されるチームという意味です。

宅建（宅地建物取引士の略記）　宅地建物取引業法（1952年公布）により，宅地・建物の取引（売買・交換・貸借）の仲介を担う国家資格を意味します。不動産業を営む場合，職員5人に1人の割合で有資格者を配置せねばならず，有資格者は厚遇されます。また，不動産取引が伴う店舗開発や都市開発などの業務でも役立ちます。

玉手箱　日本エス・エイチ・エル（1987年創業）が開発販売する，言語力，計算力，パーソナリティーなどを測定する総合適性検査で，企業・団体の採用試験などに活用されています。

知識構成型ジグソー法　認知科学者の三宅なほみ（1949〜2015年）と東京大学CoREF（大学発教育支援コンソーシアム推進機構）が2010年に開発した学習法で，いろいろな情報を集めて編集する知性とともに，集団で一人ひとりが自分で解決策（答え）をつくりだす知性を修得するのに役立ちます。

　手順は次のとおりです。①複数の人が，課題（質問）に関する情報を個々に収集し，それぞれが解決策（答え）を纏める。②数人で構成するグループに分かれ，グループ内で情報を共有するとともに集約し，集約した意見を各自が説明できるように準備する（エキスパート活動）。③異なるグループ員同士が1名ずつ集まって新グループをつくり，最初の課題（質問）に対する解決策（答え）をつくりあげる（ジグソー活動）。④ジグソー活動で出てきた解決策（答え）を全体で交流し，異なる解決策（答え）や表現から学ぶ（クロストーク）。⑤各自が自分で解決策（答え）を書き留める。

中国製造2025　2015年5月に中国国務院が策定した中期計画で，次世代情報技術（半導体・5G），航空・宇宙設備（大型機・有人飛行），農業用機材（大型トラクター），新素材（超伝導・ナノテクノロジー）などの10分野23品目で，2025年までに世界の製造強国になり，2030年に技術・サービス面で世界標準になることを目標とした国家戦略を意味します。

チューター（英語でTutor）　大学院生が教員の補助や学部生へ助言を行うことを意味します。

　大妻女子大学キャリアデザイン研究会は，短期大学部の2年生と1年生で組織された学生サークルです。2017年度には，鞄づくりの実務経験がある頼もしい学生が，未経験者をサポートすることで，横断的な交流とともに，双方の学修効果を深めると期待し，鞄づくりの経験者にはチューターとしての役割を期待しました。

長時間労働　法定労働時間（1日8時間，週40時間）を超えた時間外労働を意味します。企業・団体が時間外労働を命じる場合（上限は原則月45時間，年360時間），労働基準法（1947年公布）第36条により書面による労使協定（サブロク協定）を結び，労働基準監督署（厚生労働省の出先機関）へ届け出をします。届け出をしない労働時間がある場合，労働基準法違反（6ヵ月以下の懲役または30万円以下の罰金）になります。上限規制は，大企業で2019年4月から，中小企業で2020年4月から適用されました。

超スマート社会　『平成28年度科学技術白書』によると「必要なもの・サービスを必要な人に，必要な時に，必要なだけ提供し，社会の様々なニーズにきめ細かに対応でき，あらゆる人が質の高いサービスを受けられ，年齢，性別，地域，言語といった様々

な違いを乗り越え，活き活きと快適に暮らすことのできる社会」と定義されています。

腸内細菌　人間や動物の腸管内部に生息している細菌を指します。成人の場合，腸内細菌は約1,000種類で約40兆個あり，総重量は約1.5kgになるといわれています。

貯蓄率（家計貯蓄率）　内閣府が統計法（1947年公布）に基づき作成する基幹統計「国民経済計算」のひとつです。家計可処分所得（収入から税金・社会保険料等を差し引いた金額）から家計最終消費支出（消費のために支出した金額）を差し引いて貯蓄額を算出し，家計可処分所得に占める割合を指します。年代を経るごとに，収入が上がることから，貯蓄率は減少する傾向にあります。金融広報中央委員会（1952年設立，事務局は日本銀行情報サービス局）の「家計の金融行動に関する世論調査［単身世帯調査］（平成29年）」によると，まったく貯蓄をしなかった人は20代で19.4％，30代で16.5％もいます。

　なお，国民経済計算は，年に8回四半期別に公表するGDP（国内総生産）と，年に1回公表するフロー（生産・分配・支出・資本蓄積）とストック（資産・負債）に関する統計から成ります。

定期健康診断　厚生労働省が定める労働安全衛生法（1972年公布）により，労働者は「一般健康診断」として，次の11項目を年1回以上受診しなければなりません。

　①既往歴・業務歴の調査，②自覚症状・他覚症状の有無の検査，③身長・体重・腹囲・視力・聴力の検査，④胸部エックス線検査・喀痰検査，⑤血圧の測定，⑥貧血検査，⑦肝機能検査，⑧血中脂質検査，⑨血糖検査，⑩尿検査，および⑪心電図検査。

定年引上げ　労働者の終身雇用の期間を60歳から70歳へ10年間延長することを意味します。2017年9月，日本政府は「人生100年時代構想推進室」を組織し，2019年5月，政府の未来投資会議が定年退職者の継続雇用を70歳まで引き上げる方針を示し，同年夏，「成長戦略実行計画」を示しました（大企業の正社員に限定されます）。

定番（定番商品の略記）　製造業や流通業において，安定した需要が見込まれることから，仕入れ・在庫などの台帳管理において商品番号が固定したことに由来します。対比語の特売（特売商品の略記）とは，期間を限り安価で売買される商品を意味します。

テーブルコーディネート（室礼）　食事や喫茶などで人をもてなす際に，皿・器・箸・匙などの食器，花卉・書画・敷物などの装飾品などにより空間をコーディネートすることを意味します。

テキストマイニング（英語でText Mining）　文字列を対象にした分析という意味です。

デバイス（英語でDevice）　コンピュータに接続して使うあらゆるハードウェアを指します。

転職エージェント　厚生労働大臣の許可を受けた職業紹介事業者で，有能な人材を求める企業・団体，または転職希望者に代わって，双方の要求を満たすように交渉する業務サービス意味します。

透過性調整力（英語でPermeability Control Power）　日本大学（1889年設立）の桂戴作博士（1919〜2007年）らが提唱した概念で，状況に応じて自我状態を変化させることができる能力を意味します。この能力が低いほどストレスが軽いという研究結果もあります。

東京国際空港（羽田空港は俗称）　①国内線に関しては，日本航空（1951年創業）やANAホールディングス（1952年創業）などが出資する日本空港ビルデング（1953年創業）が，ターミナルビル等の建設・管理運営，直営店での物品販売，空港構内での店舗賃貸などを行っています。日本空港ビルデングが2019年4月に公表した「羽田空港旅客ターミナル利用実績（2017年）」によると国内線の旅客数は年間約6,626.8万人であり，1日当たり約18.2万人となります。

　また，②国際線に関しては，日本空港ビルデング，日本航空，ANAホールディングス，成田国際空港（2004年創業）などが出資する東京国際空港ターミナル（2006年創業）が，ターミナルビル等の建設・管理運営などを行っています。国際線の旅客数は年間約1,727.2万人とあり，1日当たり約4.7万人となります。

　なお，東京国際空港の国際便の発着回数（深夜・早朝便以外）は，2015年に年間約6万回のところを，滑走路の使い方・飛行経路などを見直すことによって，2020年には年間約9.9万回（約1.7倍）に

増加が可能で，これは1日当たり2015年で約80便が2020年には約50便増加が可能ということになりました。

東京証券取引所（東証と略記）　金融商品取引法（1948年公布）による金融商品取引所のひとつで，1949年に創業しました。

投資ファンド　①現物や債券などに中長期間にわたり分散投資を行い，管理手数料などを得る投資信託，②デリバティブ（英語でDerivative，金融派生商品）に短期間に集中して投資を行い，運用利益に応じて報酬を得るヘッジファンド（英語でHedge fund），および③非上場の事業会社へ中長期間にわたり投資を行い，経営人材を派遣して経営再建を行う企業再生ファンド（英語でPrivate equity fund）などがあります。

トライ・アンド・エラー（英語でTrial and Error）　試行錯誤を意味する和製英語です。

トランジッション（英語でTransition）　転機という意味です。

［な行］

内省（リフレクション，英語でSelf-reflection）　自己の言動や心理状態，および対人関係を振り返るなかで，自分自身は何者かを評価・改善するという意味です。

内部顧客（英語でInternal Customer）　業務を連携協力して行う社内人材を顧客として捉えるという意味です。

ニーズ（英語でNeeds）　マーケティング用語としては，欠乏を充足し解決したいという消費者の意識を意味します。対比語のウォンツ（英語でWants）とは，欠乏を充足し解決する商品・サービスを入手したいという消費者の意識を意味します。いずれも，購買・選択・消費などの誘因となります。第6章のマズローの欲求階層説を参照してください。

ニート（英語でNEET, Not in Education, Employment or Trainingの略記）　就業・就労・職業訓練を行っていない若者という意味です。

日商簿記（日本商工会議所および各地商工会議所主催簿記検定試験の略記）　商工会議所法（1953年公布）により，日本商工会議所（1922年設立）および各地商工会議所（原則1市に1団体設置）が実施する検定試験を意味します。最上位の1級の試験科目は商業簿記，会計学，工業簿記，および原価計算の計4科目で，合格者は税理士試験の受験資格が得られます。

日本経済団体連合会（経団連と略記）　東京証券取引所第一部上場企業などが加盟する経済団体で，加盟各社の意見を集約するとともに，国会や中央省庁，労働組合，国民，国際機関などとの対話を行っています。経済団体連合会（略称は経団連，1946年発足）が，日本経営者団体連盟（略称は日経連，1948年発足）を統合して，2002年5月に設立しました。中小企業が加盟する各地の商工会議所を束ねる日本商工会議所（略称は日商，1922年発足）と，企業経営者が個人の資格で参加する経済同友会（略称は同友会，1946年発足）とともに「経済三団体」と呼ばれます。

日本生産性本部　通商産業省（現在の経済産業省）の外郭団体として1955年に設立した財団法人で，企業・団体の生産性や経営品質の向上などの調査研究や社員研修などを行っています。2010年に公益財団法人に移行し，現会長（2014年〜）はキッコーマン（1917年設立）の会長・茂木友三郎氏（1935年〜）です。

ノルマ（ロシア語でНорма）　労働の目標値という意味です。

［は行］

パートとアルバイト　一般に労働時間が短い雇用形態を指します。労働基準法（1947年施行）やパートタイム労働法（1997年施行。短時間労働者の雇用管理の改善等に関する法律）のうえでは区別がなく，いずれも正社員や契約社員等と同じ労働者として扱われます。なお，アルバイトという言葉は，ドイツ語で勤労を意味するArbeitが語源の外来語です。

バイキング（英語でViking）　800〜1050年頃に西ヨーロッパ沿海部を侵略したスカンジナビアやバルト海沿岸地域の海賊（武装船団）を指しますが，第6章では帝国ホテル社長の犬丸徹三（1887〜1981年）が発案した，帝国ホテル内のレストラン「インペリアルバイキング」（1958年8月1日開店）とい

う店名を意味します。

バックヤード（英語で Backyard） 裏庭が転じて在庫置き場という意味です。ビジネスの目的として，製品を売ることを重視した場合，在庫は金利が発生する資産ですから，たとえば製造業や流通業では欠品を防ぎつつ最小化するよう努めます。ただし，第4次産業革命が進展しつつある今日，ビジネスの目的が製品機能をサービスとして提供し続けることへとシフトしつつあり，在庫や欠品よりも，サービスの成果が問われつつあります。

ハローキティ プレゼント用品等の卸売業者のサンリオ（1960年創業）が1974年に開発したキャラクターです。

パワーハラスメント（和製英語で Power Harassment，英語で Harassment） 2019年5月に女性活躍・ハラスメント規制法が成立し，同年12月には指針が決定しました。同法によると，パワハラとは，①優越的な関係を背景に，②業務上必要かつ相当な範囲を超えた言動により，③就業環境を害する，の3条件をすべて満たすものを指します。保護の対象は雇用関係のある労働者に限定され，就職活動中の学生，特定の企業・団体に専従しないフリーランス（英語で Freelance，個人企業法人）などは含まれていません。また，大企業は2020年6月から，中小企業は2022年4月から，就業規則の制定，相談体制の整備などの防止対策を義務化されました。

　2017年10月に米国の新聞ニューヨーク・タイムズ（The New York Times, 1851年創業）が，映画産業の中心地・ハリウッドのセクシャルハラスメント（セクハラと略記）が告発され，女優のアリッサ・ミラノ氏（Alyssa Milano, 1972年～）がTwitter（2006年創業）で呼びかけたのを契機に，欧米諸国の女優などが性的被害を告発する「# Me Too」運動に拡大し，さらにセクハラ被害の撲滅運動「TIME'S UP」（もう終わりにしよう）に発展しました。2019年6月に，ILO（英語で International Labour Organization の略記，国際労働機関，1919年設立）が暴力とハラスメントを禁止する国際条約を採択しました。同条約は，身体的・精神的・性的危害を起こす広範な行為を対象として，法律による全面禁止を求めるもので，日本政府も同条約を批准しましたが，上記のとおり国内法や指針は限定的なものにとどまりました。

ビジネスモデルを競うコンテスト 新しい製品やサービスに関する経営戦略や収益予測などのビジネスモデル（英語で Business model）を開発立案して競うもので，審査基準や審査員の構成などは事業ごとに異なります。1996年開催の「学生のためのビジネスコンテスト KING」（現・Business Contest KING）をはじめとして2020年現在までに類似する事業は増加傾向にあります。

　なお，収益予測について補足すると，企業・団体の事業投資の意思決定においては，経済的付加価値（英語で Economic Value Added，EVA と略記）などの手法を用います。

ファイヤーウォール（英語で Firewall） 防火壁の意味ですが，コンピュータ用語では内外の通信を中継・監視して，外部からの攻撃を防御するソフトウェアやシステム等を指します。

複式簿記（英語で Double-entry bookkeeping system） 借方の合計（資産＋費用）と貸方の合計（負債＋純資産＋収益）とが常に一致することを重視して整理する記帳法を意味します。また，対比語の単式簿記とは，収入の合計（期首残高＋収益）と支出の合計（費用＋期末残高）とが常に一致することを重視して整理する記帳法を意味します。公営企業会計を除く公会計，すなわち会計法（1947年公布）による国の会計，および地方自治法（1947年公布）による地方公共団体の会計は，単式簿記で行われています。

覆面調査（英語で Mystery Shopper） サービス業の接客態度や店内環境などを，一般消費者を装って評価する調査手法です。調査指標は，①品質が高いか（英語で Quality），②心地よいか（Service），③清潔か（Cleanliness），および④寛げるか（Atmosphere）などがあります。

婦人白書 総理府（1949年設置，2000年に内閣府に統合）が1978年1月10日に発行した『婦人の現状と施策～国内行動計画に関する報告書（第1回）～』を指しますが，それから計9回刊行されました。1996年に「男女共同参画2000年プラン～男女共

同参画社会の形成の促進に関する平成12年（西暦2000年）度までの国内行動計画〜」が決定し，1997年には通算10回目の報告書が発行されました。その後は2000年に男女共同参画社会基本法（1999年公布）に基づく「男女共同参画基本計画」が決定し，2001年以降は毎年，報告書『男女共同参画白書』が発行され続けてきています。第1回報告書の執筆を担当したひとりが，総理府（現在の内閣府）のキャリア官僚だった昭和女子大学（1920年設立）理事長・総長の坂東眞理子氏（1946年〜）です。

不妊治療　男性不妊や女性不妊などの原因に応じて，排卵と受精の補助を行う治療を意味します。治療法は，①タイミング法，②排卵誘発法，③人工授精，および④生殖補助医療（体外受精と顕微受精）があり，①と②は保険適用で，③と④は自費診療です。企業・団体によりますが，上司・人事部に知られることなく支援制度（費用補助など）を利用できます。男性の年齢が増すほどに，女性が妊娠するまでの期間は増える傾向にあり，夫婦一緒に治療を受け，心身の負担を軽くすることが大切です。

ブランド（英語でBrand）　商標法（1959年公布）で独占的な使用権が保護される対象（財やサービスなど）を意味しますが，そこから派生するイメージ総体をも含まれます。

ブルーカラー（英語でBlue-collar worker）　農林水産業・鉱業・建設業・製造業などの現業・技能系の職務従事者という意味です。対比語はホワイトカラー（英語でWhite-collar worker）です。

ブレーンストーミング（英語でBrainstorming）　米国広告代理店BBDO創業者のアレックス・オズボーン（Alex Faickney Osborn，1888〜1966年）が1942年に開発した会議方法を意味します。ブレインストーミングを進めるうえでの原則は，①出されたアイデアについて判断せず結論は出さないこと，②粗野なアイデアでも笑わず歓迎すること，③出されるアイデアの量を重視すること，④アイデアを結合し発展させることが挙げられます。

　なお，出されたアイデアを整理する方法として，東京工業大学（1881年設立）教授の川喜田二郎（1920〜2009年）が開発したKJ法，英国叙述家のトニー・ブザン（Tony Buzan，1942〜2019年）が開発したマインドマップ，および11種類の誘導語（Guide word）を用いるHAZOP（Hazard and Operability Studyの略記）などがあります。

プレゼンテーション（英語でPresentation）　意思や情報を演説や提案などとして伝達する手段を意味し，1990年代のデジタル技術の発展に伴い専用のソフトウェアが開発されるようになり，文字・図表・グラフィック・動画・音声などで聴衆の視覚や聴覚へ訴える機会が増えています。商取引をはじめ，教育や地域社会などで広く一般化しました。

ベテラン（英語でVeteran）　現役軍人や予備役を退いた退役軍人という意味ですが，一般的な企業・団体においては熟練者や古参の社員を指します。

ベンチャーキャピタル（英語でVenture capital）　未上場企業の将来性を見込んで資金を提供する投資ファンドという意味です。

保育士　厚生労働大臣指定の保育士養成施設（二年制の短期大学や専門学校など）で学修の後，保育園と児童福祉施設での校外実習を行い卒業するか，児童福祉法（1947年公布）による国家試験合格者（受験資格は短期大学卒業程度以上）です。また，幼稚園教論とは，幼稚園教諭免許状取得のできる教職課程がある大学や短期大学などで学修の後，都道府県教育委員会の免許を受けた者を指し，学校教育法（1947年公布）による国家資格です。なお，保育士が3年以上の実務経験のうえで国家試験に合格した場合，2種免許取得が可能です。

法人会　全国各地の税務署（国税庁の下部組織）の管轄地域毎に中小企業や個人事業者が組織した社団法人です。1947年に法人税が賦課課税制度から申告納税制度へ移行し，中小企業等の自己申告を促す必要が生じたために組織され，1954年に全国組織化されました（全国41都道県・440単位法人会＝約80万社が加入）。納税の啓発活動や税制改正の提言などを行っています。

ホスピタリティ（英語でHospitality）　歓待という意味です。詳細は第6章を参照。

ホモ・サピエンス（ラテン語でHomo sapiens）　スウェーデン生物学者のカール・フォン・リンネ（Carl von Linné，1707〜1778年）が1758年に発案した「賢い人間」という意味の概念で，俗称を新人

といいます。

　現在の科学によると，約138億年前に宇宙が誕生し，約46億年前に地球（巨大で奇妙なひとつの岩）が誕生し，約38億年前に生命（祖先細胞）が誕生し，約35億年前に光合成生物が酸化的な大気を作り始め，同時に植物が誕生し，約20億年前から動物が進化し始め，約440万年前に人類が誕生したと考えられています。その人類は約440万年前に二足歩行の猿人（脳は300〜500ml）にはじまり，約240万年前に道具（石器）を用いる原人（脳は900ml）へ，その後は道具や音声などを進歩させた旧人（脳は1,300ml）へ，さらに約20万年前に好奇心旺盛な新人（脳は1,400ml）へと進化を遂げ，約6万年前に東アフリカなどから世界各地へ拡散したと考えられています。

ホワイトカラー（英語で White-collar worker）
企業・団体の総務・人事・会計・財務・企画などの事務系の職務従事者という意味です。対比語はブルーカラー（英語で Blue-collar worker）です。

［ま行］

マインドセット　ものの見方や考え方の枠組みを意味します。米国スタンフォード大学（1891年設立）教授のキャロル・ドウェック氏（Carol S. Dweck, 1946年〜）の研究によると，人は能力を褒められると固定的なマインドセット（英語で Fixed-mindset）になって知性は低下し，努力などのプロセスを褒められると成長的なマインドセット（Growth mindset）になって知性は増加すると考察しています。

マスメディア（英語で Mass Media）　大衆伝達（英語で Mass Communication）を行うための媒体・情報伝達手段（Media）という意味で，新聞，ラジオ，テレビなどを一般に指します。

マタニティハラスメント（英語で Maternity Harassment）　和製英語で妊娠・出産期の女性に対する嫌がらせを意味し，日本では男女雇用機会均等法，労働基準法，育児介護休業法に違反する判例が出ています。

マニュアル（英語で Manual）　手引書や取扱説明書という意味です。

マネージャー（英語で Manager）　部門管理者や支配人などという意味です。

マルウェア（英語で Malware）　ウィルス等の悪意のある不正なソフトウェア等という意味です。

みなし労働時間制　労働基準法（1947年公布）第38条により企業・団体は労働者の始業・終業時刻を確認・記録する必要があるが，把握が難しい場合，予め労使が定めた時間に働いたとみなす労働形態をとります。また，裁量労働制とは，みなし労働時間制のひとつで，労働時間と成果・業績が必ずしも連動しない職種に適用されます。

ミレニアム開発目標（英語で Millennium Development Goals, MDGs の略記）　開発途上国の目標として8ゴール（目標）・21ターゲット（達成基準）を掲げ，国連の専門家が主導して策定されました。2001〜2015年の15年間で一定の成果を得ましたが，教育，母子保健，衛生で目標達成とならず，サハラ以南のアフリカ諸国などで目標達成が遅れる等の課題が残りました。

　他方，持続可能な開発目標（SDGs）とは，Sustainable Development Goals の略記で，国連加盟のすべての国の目標として，17ゴール・169ターゲットを掲げ，国連の全加盟国で交渉して策定されました。2016〜2030年を計画期間と位置づけ，新たな課題として，PM2.5（微小粒子状物質）・NOx（窒素酸化物）・VOC（揮発性有機化合物）・ハウスダスト・花粉などの環境汚染，地球温暖化・エルニーニョ現象・ラニーニャ現象・北極圏の海氷の減少などの気候変動，頻発する集中豪雨・森林火災・珊瑚の白化などの自然災害などを取り扱うとともに，政府以外の開発主体である地方公共団体などの地域社会をはじめ，民間企業，非政府組織（英語で NGO, Non-Governmental Organizations の略記）なども想定した目標設定がなされました。

無人運転車　英語で Unmanned operationed Vehicle，もしくは Automated system operationed Vehicle などと表現されています。類比語に，人間を乗せて移動する乗り物（英語で Vehicle）や自力で移動する自動車（英語で Automobile）があります。

メンター（英語で Mentor）　働き方・生き方の助言者という意味です。

モチベーション（英語で Motivation）　動機づけという意味です。第6章のフレデリック・ハーズバーグのモチベーションに関する二要因理論も参照ください。

[や行・ら行・わ行]

山形新幹線　1992年7月1日，全国新幹線鉄道整備法（1970年施行）に基づく従来の新幹線とは異なり，新在直通方式のミニ新幹線として開業しました。既存の在来線・奥羽本線（福島駅〜新庄駅間）を改軌して，東北新幹線（1982年6月23日開通）と直通運転しました。

有価証券報告書（略称は有報（ゆうほう））　東京証券取引所などの金融商品取引所に株式公開している会社，および証券会社の店頭で売買される店頭公開株式の発行者などが，金融商品取引法（1948年公布）により事業年度ごとに作成し，外部へ開示する書類で，財務諸表をはじめ，沿革や株主構成，経営方針，設備状況，取引先などが記載されています。企業別の冊子は，政府刊行物センター（東京都千代田区霞が関）や各都道府県の官報販売所で購入することが可能です。また，内閣府と金融商品取引所と各企業のコンピュータを結んだ電子情報開示システムのEDINET（英語で Electronic Disclosure for Investors' NETwork の略称）のウェブサイトで閲覧することが可能です。なお，同報告書に虚偽記載があると個人または法人が罰せられます。

有効求人倍率　厚生労働省が設置する公共職業安定所（ハローワーク）が，1ヵ月間に取り扱う有効求人数を有効求職者数で割ったものを意味します。有効とは，企業・団体が提出した求人票および個人が提出した求職票の有効期限（受理した月の翌々月末まで有効）に由来します。

リーダーシップ（英語で Leadership）　企業・団体全体の責任者という意味です。

リカレント（英語で Recurrent）　循環という意味で，転じて「社会人の学び直し」と表現されることが多いです。

リテラシー（英語で Literacy）　文字（表記言語）をはじめ，いろいろな情報の読み書きや理解能力を意味します。

量子コンピュータ（英語で Quantum computer）　従来の0と1の二進法による論理回路（英語で Logic Circuit）ではなく，量子ビット（英語で Quantum bit）による重ね合わせ（英語で Superposition）によって膨大な選択肢から最適解を導き出すことができるコンピュータを意味します。

量的・質的金融緩和（英語で Quantitative and Qualitative monetary Easing，QQE と略記）　市中の通貨の量を増加させることに加えて，長期間にわたって金融資産やリスク資産（収益が不確実）を買い入れることを組み合わせた金融政策を意味します。

レシピ（英語で Recipe）　医師が薬剤師へ指示した処方箋に由来し，18世紀以降は料理の食材や調理法などを記述した文書という意味です。

ロイヤリティ（英語で Loyalty）　忠誠心や愛着性という意味です。

ロールモデル（英語で Role Model）　役割を担うモデル・模範・手本を意味します。

ワーク・ライフ・バランス（英語で Work-Life Balance）　内閣府のウェブサイトによると，「国民一人ひとりがやりがいや充実感を持ちながら働き，仕事上の責任を果たすとともに，家庭や地域生活などにおいても，子育て期，中高年期といった人生の各段階に応じて多様な生き方が選択・実現できる」ことを意味します。

　この概念が政策化されたのは，2007年12月，国・地方公共団体・経済界・労働界の代表などが，仕事と生活の調和を図るための「憲章」と「行動指針」が策定したことに始まります。社会背景としては，①正規社員・非正規社員の働き方の二極化，②共働き世帯の増加，③仕事と子育ての両立の難しさ，④急速な少子化などがあります。めざす社会像として，①就労による経済的な自立が可能な社会，②健康で豊かな生活のための時間が確保できる社会，③多様な働き方・生き方ができる社会を掲げています。

[アルファベット順，および数字順]

AI（英語で Artificial Intelligence の略記）　人工知能という意味です。集積されたさまざまな情報を，ディープラーニング（英語で Deep learning，

深層学習）による帰納推論によってパターン化・変数化して形式知を導き出す段階から，データが少ない状況でも演繹推論でパターン化や変数を予測することも可能な段階へと進化しつつあります。また，取り扱う情報は非言語や感情などへと拡大しつつあり，基本的には人間の脳を模した汎用 AI を目標として研究開発が進んでいます。

AO 入試　学科試験を行わず，入学管理局（Admissions Office）が面接や書類審査（小論文や成績証明書など）に基づいて合否判定する選考制度を意味します。

CEO（英語で Chief Executive Officer の略記）
最高経営責任者という意味です。米国企業では，取締役のトップである会長（英語で Chairman of the Board of Directors）や社長（President）とは別に，CEO や COO を設置しています。会長が CEO を，社長が COO を兼ねることが多い傾向にあります。

COO（英語で Chief Operating Officer や Chief Operations Officerの略記）　最高執行責任者という意味です。

DNA（英語で Deoxyribonucleic Acid の略記）
デオキシリボ核酸と日本語訳されます。

　人間は約 37 兆個の細胞でできていると考えられ，それぞれの細胞の核には DNA が含まれます。DNA の 2 ％は遺伝子で，身体を形づくり，生命活動に必要な物質，いわゆるマイクロ RNA（Ribonucleic Acid，リボ核酸）の設計図の役割を果たします。

　残りの 98 ％はトレジャーDNA と呼ばれ，作り出すマイクロ RNA の量やタイミングなどをコントロールする役割があります。これらの事実は最新の医学研究で解明されつつありますが，その前提には第 1 章で言及する，1991 年以来続くヒトゲノムの解明や合成の成果があります。

ESG 投資　投資を行う際に，財務情報だけではなく，環境（Environment），社会（Social），およびガバナンス（Governance）の諸要素を配慮した投資を行うことを意味します。国際連合（1945 年設立）のアナン（Kofi Atta Annan, 1938～2018 年）事務総長が 2006 年に金融業界に対して責任投資原則（英語で Principles for Responsible Investment, PRI と略記）を提唱したことに由来し，日本では，

2015 年に世界最大の年金基金である年金積立金管理運用独立行政法人（GPIF，2006 年設立）が署名してから普及しました。

ETF（英語で Exchange-Traded Fund の略記）
上場投資信託と日本語訳される金融商品を意味します。投資家から資金を集め，TOPIX（東京証券取引所（1949 年創業）第一部に上場する約 2,000 銘柄の株式が対象），日経平均株価（東京証券取引所第一部上場銘柄うち 225 銘柄が対象），S&P 500（ニューヨーク証券取引所（1817 年創業）などに上場する 500 銘柄が対象）などの株価指標などに連動するように設計した投資信託を組み，上場して運用し，投資家へ分配する商品です。

EVA（英語で Economic Value Added の略記）
経済的付加価値という意味です。米国コンサルティング会社の Stern Stewart & Co. が提唱した概念で，企業・団体が投資した資本に対して，数年間から数十年間に及ぶ収益を推定し，税引後営業利益－（加重平均資本コスト×投資額）で算出します。加重平均資本コストとは，有利子負債残高×負債利率×（1－実効税率）＋自己資本残高×自己資本要求利回りで算出します。

F1　マーケティング用語で，F（英語で女性を意味する Female の頭文字）と数字の組み合わせです。F1 は 20～34 歳の女性，F2 は 35～49 歳の女性，F3 は 50 歳以上の女性を指します。

fMRI（英語で functional Magnetic Resonance Imaging の略記）　機能的磁気共鳴画像法という意味で，人間や動物の脳・脊髄の活動に関連した血流動態反応を視覚化し，組織の形態などを観察する方法です。

GAFA　米国に本拠を置く，プラットフォームを提供する 4 つの主要 IT 企業，すなわち Google（1998 年創業），Amazon.com（1994 年創業），Facebook（2004 年創業），および Apple Inc.（1976 年創業）の総称を意味します。各社の時価総額は，G7（英語で Group of Seven）の主要国の GDP（国内総生産）並みです。国境を越えたデジタル空間での商取引が増加する現在，国際連携して公正で明確なルールを確立することが求められています。主な論点としては次の 4 点などがあります。

①デジタル課税

②事業会社が金融機能をもつ機関銀行化

③個人のためのデータ保護（日本の個人情報保護法，米国のCCPA（カリフォルニア州消費者プライバシー法），EUのGDPR（一般データ保護規則）等）

④勝者総取りを抑制するための競争政策（日本の独占禁止法，米国の反トラスト法，EUの競争法等）

GDP（英語でGross Domestic Productの略記）
国内総生産と日本語訳されますが，国の経済規模を意味します。一年間や四半期毎に，個人消費，企業の設備投資，輸出などの需要項目毎に価格変動の影響を考慮して金額を推計・合計して算出します。ただし，市場で取引されない（価格が存在しない）家事労働やボランティア活動などは含まれません。

価格変動を反映した名目GDPと，価格変動の影響を除いた実質GDPがあり，名目GDPを実質GDPで割った数値はGDPデフレーターと呼び，物価の動きを判断する重要な指標の一つです。

ICT（英語でInformation and Communication Technologyの略記）
情報通信技術という意味です。電子や電磁波などの物理現象や法則を応用した機器を用いて情報を保存・加工・伝送する技術を指します。

IoT（英語でInternet of Thingsの略記）
モノがインターネット（1960年代から研究開発され，1980年代以降に学術教育用に利用され，1990年代以降に商用に普及した通信網）に接続され，情報交換することにより相互に制御する仕組みという意味です。

IR（英語でInvestor Relationsの略記）
株式や債券を発行する企業・団体（地方公共団体などを含む）が，投資家などへ向けて経営状況などの情報を発信する活動を意味します。

k平均法（英語でk-means clustering）
米国カリフォルニア大学（1919年設立）ロサンゼルス校経営大学院教授のジェームズ・マックィーン（James B. MacQueen, 1929～2014年）が1967年に開発した非階層的クラスター分析で，いろいろな情報（数値）をいくつかの類似したグループ（クラスター）に分類・整理するのに役立ちます。事前にグループ数を指定すると，内的結合（Internal Cohesion）と外的分離（External Isolation）が達成されるように（準）最適解が計算されます。

LCC（英語でLow-Cost Carrierの略記）
航空運賃のうち運送費・人件費・機内サービス・航空券販売費などを削減した格安航空会社という意味です。対比語のFull-Service-Carrierは従来の航空会社を指します。

Microsoft Excel
米国Microsoft Corporation（1981年創業）がLotus Software（1982年創業）に対抗して1987年に開発し，それ以来販売・アップグレードを繰り返している表計算ソフトウェアです。

Microsoft PowerPoint
米国Microsoft Corporation（1981年創業）が米国Forethought, Inc.（1983年創業）を買収して1987年に開発し，それ以来販売・アップグレードを繰り返しているプレゼンテーションソフトウェアです。

Microsoft Word
米国Microsoft Corporation（1981年創業）が1983年に開発し，それ以来販売・アップグレードを繰り返している文書作成ソフトウェアです。

M字カーブ
日本人女性の就業率（人口に占める労働力の比率）を年齢階層別にグラフ化した場合にM字型の曲線を描く特徴を指します。結婚，妊娠・出産，子育てに伴い退職し，専業主婦になる人が一定数いることがおもな原因です。

OECD（英語でOrganization for Economic Co-operation and Developmentの略記）
経済協力開発機構という意味です。第二次世界大戦後の1948年に，米国が立案した欧州経済復興計画「マーシャル・プラン」の受入機関として，OEEC（欧州経済協力機構）が設立されました。その後，欧州の復興とともに，1961年に自由主義経済の発展協力を目的としたOECDに改組され，1964年に日本が加盟しました。現在，36ヵ国が加盟しています。

OS（英語でOperating Systemの略記）
コンピュータのハードウェア管理や制御などを行うソフトウェアを意味します。対比語のアプリケーションとは，文書作成や表計算，プレゼンテーションなどのコンピュータを応用する目的のソフトウェアを意味します。

PBL（英語で Project-Based Learning）　課題解決型学習と日本語訳され，課題の設定や解決へ向けて学生が自ら計画し実行する，その過程から学ぶ教育方法を指します。なお，Problem-Based Learning（問題解決型学習）と混合されがちですが，こちらは過去に発生した事例を教材として取り扱い，問題の認識や解決を学生が行う過程から学ぶ手法です。

　2種類の PBL に関する教育効果については，豪州メルボルン大学（1853 年設立）教授のジョン・ハッティ氏（John Hattie, 1950 年〜）が 15 年間にわたって行った教育手法に関するメタ分析（過去に行われた複数の統計分析結果を，さらに統計的に総括する手法）が参考になります。それによると，課題解決型学習（6 本の論文で計 15,235 人を対象とした分析）の効果量は 0.61 で，問題解決型学習（8 本の論文計 38,090 人を対象とした分析）の効果量は 0.15 でした。

PDA（英語で Personal Digital Assistant の略記）　モバイル向け OS を備えた携帯情報端末という意味です。

PET（英語で Positron Emission Tomography の略記）　ポジトロン断層法という意味で，人間や動物の断層撮影を行い，生体の機能などを観察する方法です。

PISA（英語で Programme for International Student Assessment の略記，学習到達度調査）　OECD（1948 年設立）加盟国の多くで義務教育の終了段階にある 15 歳の生徒を対象に，読解力・数学知識・科学知識などとともに，学習習慣や学習動機などを調査するもので，2000 年度から 3 年ごとに実施されています。調査方法は，2012 年度までは PBT（Paper Based Testing の略記，筆記型調査）でしたが，2015 年度から CBT（Computer-based Testing の略記，コンピュータ上で実施する調査）に移行しました。

　なお，受検経験のある読者の方も多いかと思いますが，日本では全国学力・学習状況調査と称して，2007 年度から毎年 4 月に，小学校 6 年生と中学校 3 年生を対象に，国語・算数などの学力（知識力と応用力）とともに，学習・生活環境のアンケート調査を行っています。こちらは PBT（筆記型調査）で

す。文部科学省の国立教育政策研究所（1949 年設立）が，過去の問題文・正答例・分析結果の報告書などをウェブサイトで公表しています。

PROG（英語で Progress Report On Generic Skills の略記）　大手予備校の河合塾（1955 年創業）と，キャリア教育プログラムなどの開発業者のリアセック（2006 年創業）が開発した，大学生のジェネリックスキルを測定するテストを意味します。2012 年 4 月から本格導入され，2018 年 7 月末時点（6 年 3 ヵ月間）で全国 418 校，受検者数約 66 万人に達します。

QR コード（英語で Quick Response code の略記）　自動車部品メーカーのデンソー（1949 年創業）が 1994 年に発明・登録商標された二次元コードを意味し，オープンソース（英語で Open Source）としたことで，著作権を制限されず自由に再頒布される等，世界各地へ普及しました。

REIT（英語で Real Estate Investment Trust の略記）　不動産投資信託と日本語訳される金融商品を意味します。投資家から資金を集め，オフィスビルやマンションなどの不動産を購入し，その賃料（インカムゲイン）や売買益（キャピタルゲイン）を投資家へ分配する商品です。

RESAS（英語で Regional Economy Society Analyzing System の略記）　まち・ひと・しごと創生法（2014 年公布）により，経済産業省と内閣官房（まち・ひと・しごと創生本部事務局）が 2015 年 4 月から提供する地域経済分析システムを意味します。産業構造・人口動態・人の流れなどのビッグデータ（英語で Big Data）を，中央省庁・帝国データバンク（1900 年創業）・NTT ドコモ（1991 年創業）・ナビタイムジャパン（2000 年創業）などから集約し，地図情報などとして可視化したオープンシステムです。一義的には東京一極集中の是正や地方の人口減少抑制に役立てるものですが，マーケティングやソフトウェア開発などにも活用できます。

SF（英語で Science Fiction の略記）　空想科学小説という意味です。

SNS（英語で Social Networking Service の略記）　ウェブ上で社会的ネットワークを構築可能にするサービスを指します。2003 年頃に米国や日本

で開発され，世界的に普及しています。

Society5.0　超スマート社会の実現に向けた一連の取組みを意味します。文部科学省が科学技術基本法（1995年施行）に基づき作成した科学技術基本計画の第5期（2016～2020年度）のキャッチフレーズとして明示され，日本を「世界で最もイノベーションに適した国」へと導くことを計画目標に掲げています。

SPI（英語で Synthetic Personalty Inventory の略記）　リクルートキャリア（1977年創業）が開発販売する，言語力，計算力，パーソナリティーなどを測定する総合適正検査で，企業・団体の採用試験などに活用されています。SPI13は2013年改訂版です。

SWOT分析　米国スタンフォード大学（1891年設立）教授のアルバート・ハンフリー（Albert S. Humphrey，1926～2005年）が開発したフレームワークで，企業・団体が事業環境変化に対応した経営戦略策定に役立ちます。また，個人のキャリアデザインを描くうえでも活用できます。

　手順は次のとおりです。①人材・財務・製品などの内的要因を強み（英語で Strengths）と弱み（Weaknesses）に分類・整理する。②法規制・マクロ経済・技術革新などの外的要因を機会（Opportunities）と脅威（Threats）に分類・整理する。③それぞれの要因を組み合わせ，強みと機会を活かした積極戦略，強みと脅威を活かした差別化戦略，弱みと機会を活かした改善戦略，および弱みと脅威を活かした防御・撤退戦略を立案する。④どの戦略を選択するか意思決定を行う。

TOEIC®（英語で Test of English for International Communication の略記）　英語によるコミュニケーション能力に関する検定試験を指します。通商産業省（現在の経済産業省）と経団連が，米国NPO（非営利団体）・教育試験サービス（1947年設立）に開発を依頼し，1981年から運用されています。スコアは990点が満点で，大学・大学院の合格判定や企業・団体の採用・昇進などの評価に活用されています。

TPO（ティー・ピー・オー）　時間（英語で Time），場所（Place），および場合（Occasion）を意味する英語の頭文字の略記です。

TPP11協定（英語で Comprehensive and Progressive Agreement for Trans-Pacific Partnership，CPTPP と略記）　環太平洋パートナーシップに関する包括的及び先進的な協定という意味で，保護主義的な傾向が強まる中で，自由で公正な貿易・投資ルールを多国間で締結したものです。2016年2月に日本を含む12ヵ国が署名したものの，2017年1月に米国が離脱宣言を行い，2018年3月に11ヵ国が署名して，11ヵ国のうち日本を含む6ヵ国が国内の締結手続を終えたので，2018年12月30日から発効しました。

　その内容は，内閣官房のウェブサイトによると，「モノの関税だけでなく，サービス，投資の自由化を進め，さらには知的財産，電子商取引，国有企業の規律，環境など，幅広い分野で21世紀型のルールを構築する経済連携協定です」。この提携が及ぼす経済効果は，内閣官房TPP政府対策本部作成の資料によると，外生的変化としては，①関税引き下げと②貿易円滑化・非関税障壁削減があり，内生的な成長メカニズムとしては，③輸出入拡大 → 貿易開放度上昇 → 生産性上昇，④生産性上昇 → 実質賃金上昇 → 労働供給増，⑤実質所得増 → 貯蓄・投資増 → 資本ストック増 → 生産力拡大を想定されています。

VIP（英語で Very Important Person の略記）非常に重要な人物という意味です。

Wi-Fi（英語で Wireless Fidelity の略記）　無線LANに関する業界団体の Wi-Fi Alliance（1999年設立）が命名した，国際標準規格の IEEE 802.11 規格などを使用したデバイス間の相互接続を指します。

5G（英語で 5th Generation の略記）　第5世代移動通信システムという意味です。第4世代（4G）と比較して，通信速度と容量は約100倍，遅延率は約10分の1，同時接続量は約100倍になりました。

8K　横の画素数が約8,000ある解像度の高い映像規格という意味です。千を表すKを付して8Kと呼びます。1980年代に開発されたハイビジョンの画素数は8,294,400（横3,840×縦2,160）で，その16倍の33,177,600（横7,680×縦4,320）あります。

索引

事項索引

機関名索引

人名索引

［著者プロフィール］

澤田 裕美（さわだ・ひろみ）
大妻女子大学キャリア教育センター特任講師
東京都杉並区生まれ。全日本空輸にてVIP接遇担当等を経て，2006年より秘書技能検定（文部科学省後援）面接審査委員。子育てをしながら立教大学大学院修了（MBA取得）。
鶴見大学歯学部，大妻女子大学短期大学部，放送大学東京文京学習センターの非常勤講師などを経て，2019年より現職。そのほか，医療機関や法律事務所などの職員研修，幼稚園・大学連携事業などに携わる。
プライベートでは，2013年度に大学付属幼稚園PTA会長を経験し，2017年に幼児向け知育製品の開発で第50回なるほど賞（婦人発明家協会主催，文部科学省・厚生労働省・特許庁等後援）を受賞。
主な論文：
「短期大学における社会人基礎力を指標としたキャリア教育研究〜正課教育と正課外教育の統合による指導方法〜」『社会人基礎力研究機関誌』創刊号，2020年3月

20歳のキャリア術
人生100年時代へ向けた女性のはじめの一歩

2020年3月31日　初版第1刷発行
2021年2月25日　初版第2刷

検印廃止

著　　者 ⓒ　澤　田　裕　美
発 行 者　　大　塚　栄　一

発 行 所　株式会社 樹村房
JUSONBO

〒112-0002
東京都文京区小石川5-11-7
電　話　　03-3868-7321
ＦＡＸ　　03-6801-5202
振　替　　00190-3-93169
http://www.jusonbo.co.jp/

イラスト／川崎いずみ
組版・印刷／美研プリンティング株式会社
製本／有限会社愛千製本所

ISBN978-4-88367-332-2　　乱丁本は小社にてお取り替えいたします。